KB189773

니시무라 요시아키

일하는 방법 연구자. 다른 누구도 대신할 수 없는 '자기만의 일'을
만드는 법을 연구한다. 현재 디자인 레이블 '리빙월드' 대표로서
만들기·가르치기·쓰기 세 가지 영역을 횡단하며 자유롭게 일하고
있다. 서른 살에 대기업 건설사를 퇴사한 이후 각계각층 사람들의
'일하는 법'을 인터뷰해 묶은 『자기만의 일』을 2003년에 출간했다.
이후 10만부 넘게 판매된 『자기만의 일』은 일본에서 지금까지도
사랑받는 '일하는 방식의 바이블'로 자리매김했다. 이후 꾸준히
'좋은 일하기'란 무엇인가를 탐구하며 지금까지 10종의 저서를
펴냈다. 저서로 『무엇을 위한 일?』, 『다들, 어떤 식으로 일하며 살고
있나요?』, 『지금, 지방에서 살아간다는 것』 등이 있다.

구수영

고려대학교 법학과를 졸업했으며, 현재 일본어 전문 번역가로
활동 중이다. 옮긴 책으로는 『관찰력 기르는 법』, 『단단한 지식』,
『명탐정의 제물』, 『엘리펀트 헤드』, 『디자인, 이렇게 하면 되나요?』
등이 있다.

자기만의   일

JIBUNNO SHIGOTO WO TSUKURU by Yoshiaki Nishimura
© Yoshiaki Nishimura, 2009
All rights reserved.
Original Japanese paperback edition published by Chikumashobo Ltd.
Korean translation © 2025 by UU Press
This Korean edition published by arrangement
with Chikumashobo Ltd., Tokyo, through CUON Inc.

자기
만의　　　　　일

파타고니아부터
IDEO까지,
　일하는　마음으로
브랜드가
된　사람들

니시무라 요시아키 지음　　　　구수영 옮김

일러두기

1. 이 책의 원서 초판은 2003년에, 개정판은 2009년에 출간되었다.
   책의 인터뷰는 주로 90년대 중후반에 이루어졌다.

2. 별도 표기가 없는 각주는 원서의 주다.

'자기만의 일'은 곧 '우리의 일'이다

이 책의 일본어판 제목은 『자신의 일을 만들다』自分の仕事をつくる입니다. 하지만 "회사를 그만두고 독립하라"는 메시지를 담은 것은 아닙니다. 회사에서 근무하든 자영업을 하든 "일을 '자기만의 일'로 어떻게 해야 할까?" 같은 질문이 처음 이 책을 쓸 당시의 큰 관심사였고 지금도 마찬가지입니다.

남이 시켜서 일하거나 마음속으로 믿지도 사랑하지도 않으면서 일하는 사람이 많은 사회보다 "이것이 제 일입니다"라고 기쁘게 말할 수 있는 사람, 일을 통해 "이것이 저입니다"라고 솔직하게 표현할 수 있는 사람, 다시 말해 '자기 일치'라는 표현을 써도 좋을 사람이 많은 사회가 더 건강하고 재미있습니다. 저는 진정으로 그런 사회에서 살고 싶습니다. 하지만 실제 사회는 그렇지 않고 오히려 반대의 힘이 강해진 것 같습니다. 전 세계적으로요. 그것이 처음 이 책을 쓴 때로부터 20년이 넘었음에도 여전히 이 책을 읽어 주시는 분이 많은 배경이 아닐까 싶습니다.

한국어판 출간 소식을 들었을 때 매우 기뻤습니다. 저에게는 한국에 뿌리를 둔 어릴 적 친구나 소중한 지인들이 몇 있어 오래도록 친하게 지내고 있습니다. 또 이 책에 등장하는 제품 디자이너 야나기 소리柳宗理 씨의 아버지는 민예운동의 창시자인 야나기 무네요시柳宗悦 씨입니다. 일본의 수공예 역사를 돌아보면 도예는 물론, 텍스타일·염색·건축에 이르기까지 일본은 한국에서 많은 훌륭한 일을 배우고 문화적 교류를 쌓아 온 것을 알 수 있습니다. 그 교류의 한 줄기에 이 책이 더해지게 된 것은 정말 기쁜 일입니다.

이 책을 한국에서 내게 된 출판사가 소규모로 운영되는 젊은 회사라는 것을 알고 더욱 기뻤습니다. 친구들도 예전부터 주목하던 출판사라고 하니, 오히려 제가 늦게 알게 된 모양입니다. 작고 젊은 출판사와의 만남이 기쁜 이유는 무엇일까요? 예를 들어 거리로 치면, 저는 작은 개인 가게가 많은 거리를 좋아합니다.

대형점이나 체인점을 부정할 생각은 없지만 그런 가게만 늘어서 있어도 재미없죠. 어디에 들어가도 자신이 '소비자'로 보이고 '개인'으로 인식되지 않는 느낌이 들며, 일하는 사람들도 정체가 불분명하다고 할까, 한 개인이 아니라 '종업원'으로 존재하는 듯한 인상이 듭니다. 그런 거리는 아무리 편리하고 고품질이며 음식이 맛있어도 왠지 공허하게 느껴집니다. 무언가 채워지지 않죠. 이 매우 우수하고도 잘 정리된 공허함은 때로 두렵기까지 합니다.

일본에서는 많은 사람이 매일 엄청나게 일합니다. 진지하고 근면한 사람의 비율이 높을지도 모릅니다. 하지만 많은 사람이 손을 쉬지 않고 열심히 일한 끝에 사회가 공허해지는 것은 도대체 어찌된 일일까? 라는 것이 제가 오랫동안 품어 온 질문입니다. 이 상황에 맞설 방법은 무엇일까요? 우리 각자가 '자기만의 일'을 하고, '우리의 일'로서 그 사회적 축적을 실현하는 너무 크지 않은 사업체나 회사의 존재가 아닐까 생각합니다.

하지만 이 책은 메시지를 던지기 위해서라기보다는 일종의 나눔을 위해 쓰였습니다. 처음부터 끝까지 "이런 사람이 있었어"·"이런 이야기를 들려줬어"·"그건 대체 무슨 의미일까?"라는 보고와 사색의 반복입니다. 일이 본인에게 어떤 것이면 좋을까? 도 생각했지만,

그보다 '그 일에 접하는 다른 사람들에게 어떤 것이면 좋을까?'를 고민하며 썼고, 그런 시각이 이 책의 특징을 이루고 있습니다.

초판부터 오늘에 이르기까지 등장하는 분 중 몇몇은 세상을 떠났습니다. 예를 들어 야나기 소리柳宗理 씨(2011년 별세), 바바 고시馬場浩史 씨(2013년 별세), 유르겐 렐ョーガン・レール 씨(2014년 별세) 등. 앞으로도 세상을 뜨는 분이 있을 테고 저 자신도 때가 되면 떠나겠지만, 한 사람 한 사람의 존재감이나 이야기를 들려준 그 날의 숨소리를 시간과 공간을 넘어 나눌 수 있다는 것은 놀라운 일입니다. 책은 정말 대단합니다. 만남과 대화를 부디 즐겨 주시길.

2025년 봄
니시무라 요시아키

당신이 일하는 방식을 알려주세요

눈앞의 책상·그 위에 놓인 컵·귀에 들리는 음악·펜과 종이. 이 모두는 누군가가 만든 것이다. 가로수 같은 자연물조차 누군가가 한 일의 결과로 그곳에서 자란다.

교육기관을 졸업한 후 우리는 살아가는 시간 대부분 동안 어떤 형태로든 일에 종사하며, 그렇게 누적된 것들이 사회를 형성한다. 우리가 수많은 타인의 '일'에 둘러싸여 하루하루를 살아간다는 말이다. 그런데 그 일들은 우리에게 무엇을 주고 무엇을 전할까.

예를 들어, '가성비' 가구점의 매장에 진열된 컬러 박스 같은 책장을 생각해 보자. 무늬목 마감은 옆면까지이고 뒷면은 얇은 베니어판으로 마감된 그 제품은 은연중에 '뒷면은 보이지 않으니 괜찮지 않아?'라는 메시지를 전달한다. 여닫힐 때마다 미세하게 거슬리는 소리를 내는 분양주택의 문은 '이 정도면 괜찮지 않아?'라는 만든 사람들의 속내를 전한다.

지나치게 광고 페이지가 많은 잡지도 있고, 10분 정도의 내용을 1시간 분량으로 늘린 TV 프로그램도 있다. 다양한 일들이 '이 정도면 괜찮지 않아?'라며 사람을 가볍게 대하는 메시지를 담고 있다. 그것은 숨긴다고 숨길 수 없으며 디자인은 그것을 감추려고 개발된 기술도 아니다.

또 한편으로는 정성과 시간을 들이는 일이 있다. 재료의 맛을 끌어내려고 수고를 아끼지 않고 만드는 요리. 겉으로 드러나지 않는 세세한 부분까지 정성이 들어간 공예품. 일류 스포츠 선수들의 멋진 플레이에는 '이 정도면 괜찮지 않아?'라며 힘을 아낀 모습은 찾아볼 수 없다. 이런 '일'을 접할 때 우리는 기쁜 표정을 짓게 된다. 왜 기쁨을 느끼는 것일까.

인간은 누구나 '당신은 소중한 존재이며 살아갈 가치가 있다'는 메시지를 항상 찾고 있다. 그리고 그것이 부족해지면 점점 기운이 빠지고 때로는 정신의 균형을 잃게 된다. '이 정도면 괜찮다'는 생각으로 만들어진 것은 그것을 손에 쥔 사람의 존재를 부정한다. 특히 유아기에 이런 '가시'에 둘러싸여 자라는 것은 사람의 성장에 어떤 피해를 줄까. 어른도 마찬가지다. 사람들이 자기의 일로 스스로 상처를 주고 보이지 않는 주먹질을 가하는 악순환이 오래도록 반복되는 듯하다.

하지만 얼마나 충실하게 일했는지가 일의 결과로 드러난다면, '일하는 방식'이 바뀌면 세상이 바뀔 가능성도 있지 않을까. 세상은 한 사람 한 사람의 작은 '일'이 누적된 것이기에 세상을 바꾸는 방법은 어디 다른 곳에 있는 것이 아니라 사실은 한 사람 한 사람의 손에 있다. 많은 사람이 '나'를 소외시키며 일한 결과 그것을 손에 쥔 사람까지 소외시키는 사회가 만들어지지만, 같은 구조로 반대의 결과를 만들어 낼 수 있다. 문제는 왜 많은 사람이 그렇게 하지 못하느냐이다. 그것을 확인하고자 우선 일하는 방식을 몇 가지 살펴보는 것부터 시작하려 한다.

나는 서른 살에 회사를 그만두고 나만의 일을 시작함과 동시에 일하는 방식에 관한 연구를 시작했다. 현재 하는 일은 크게 '만들기'·'가르치기'·'쓰기' 세 가지로 나뉜다. 웹사이트 디자인 기획·박물관과 미술관의 전시물 기획 및 제작·상품 개발 업무를 하는 한편, 미술대학 등의 기관에서 디자인 관련 교육에 종사하고 있다. '쓰기'의 주된 주제는 '일하는 방식'이다. '일하는 방식 연구가'라는 타이틀을 내걸고 여러 일터를 찾아다니며 "당신이 일하는 방식에 대해 알려 주세요"라는 대답하기 어려운 주제에 대해 끈질기게 묻고 다녔다.

좋은 물건을 만드는 사람은 일하는 방식도 다르지 않을까 생각했는데, 그 예상이 맞았다. 그들은 자신의 감각을 자기만의 '일하는 방식'을 형성하는 데 먼저 투입했다. 훌륭한 일과 훌륭한 작품이 어떤 의미에서는 그 결과물에 지나지 않을 뿐이라는 사실을 깨닫게 되었다. 또한 동시에 각각의 일이 그들에게는 누구도 대신할 수 없는 '자기만의 일'임을 알게 되었다.

이 책에 나오는 인물 중에는 디자인이나 제조업에 종사하는 사람이 많다. 하지만 그들이 들려주는 이야기는 결코 특정 전문 분야만의 특별한 이야기가 아니라 일하는 방식을 다시 생각해 보고자 하는 모든 사람과 공유할 수 있는 보편성을 지닌다. 이 책은 일하는 방식에 관한 탐구 결과를 담은 작은 보고서다.

2부   타인의 일과 '자기의 일'

일을 '자기의 일'로 만든다 + '자기'를 깊게 파 내려감으로써 타인과 이어진다

3부   '워크 디자인'의 발견

새로운 오피스상을 찾자 + '오피스 랜드스케이프' + 공간은 사람을
움직이게 한다 + 보이지 않는 작업 환경, 매니지먼트 + 1분 매니저 +
워크 디자인 연구실과의 만남 + 우리는 '일을 사러' 회사에 다닌다 +
일하는 방식 연구의 시작

부록   10년 후에 다시 만난 사람들

1부

일하는 방법이 다르기에
결과도 다르다

1

야기 다모쓰를 만나러
샌프란시스코에 가다

"이미 있는 것들을
얼마나 좋은
형태로 만나는지가
중요합니다."

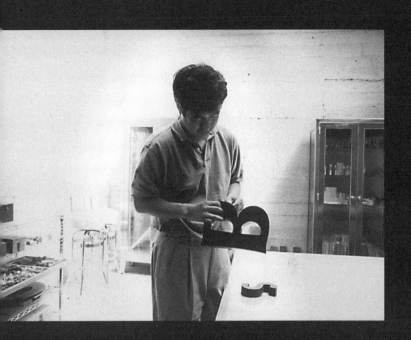

야기 다모쓰(八木保)
1949년 고베에서 태어났다. 일본에서 디자이너로
활동한 후, 1984년 에스프리(Esprit)의 디자인 디렉터로
취임했고, 1991년에 독립하여 야기다모쓰디자인을
설립했다. 이후 일본·미국·유럽 등 국경을 넘나들며 디자인
활동을 전개하고 있다. 작품집으로 『야기 다모쓰의 일과
주변』(八木保の仕事と周辺) 등이 있다.
http://www.yagidesign.com/

샌프란시스코 시내는 북동쪽에서 남서쪽으로 곧게 뻗은 마켓 스트리트를 기준으로 크게 남북으로 나뉜다. 관광객이 흔히 떠올리는 기복이 심한 샌프란시스코의 거리는 모두 그 북쪽의 이야기다. 남쪽은 평탄한 땅으로, 교외로 향하는 고속도로의 교량과 창고 마을이 펼쳐져 있다.

야기 다모쓰 씨의 사무실은 당시 그 창고 마을의 입구 부근에 있었다. 낮에는 위험한 분위기가 느껴지지 않지만, 주변에 인적은 드물다. 정말 이런 곳에서 일하는 건가 하고 약간의 불안을 느끼고 있자니, 'Tamotsu Yagi Design'이라는 작은 명패가 달린 초인종이 눈에 들어왔다. 취재 일을 시작한 지 얼마 되지 않은 나는 다소 긴장한 채 초인종을 눌렀다.

야기 씨는 이전에 하마노상품연구소浜野商品研究所 소속으로 도큐핸즈(현 핸즈ハンズ) 등의 그래픽 디자인을 담당했다. 1984년에는 미국으로 건너가 에스프리의 그래픽 디자인을 약 7년간 담당했다. 독립 후에는 베네통

Benetton의 향수 패키지와 매장 콘셉트 등 그래픽의 영역과 국경을 넘나들며 활약 중이다. 내가 방문했을 때는 마침 일본의 의류 브랜드 인디비INDIVI를 위한 디자인을 검토하는 중이었다. 친구를 만날 겸 방문한 것이었지만, 미국까지 그를 찾아간 이유는 그가 일하는 방식에 관심이 갔기 때문이다. 다른 곳에서 인쇄용 색채 견본인 컬러칩을 늘어놓고 색채를 검토할 만한 상황이라면, 그의 스튜디오에서는 먼저 숲이나 거리로 나가 나뭇잎·돌·양철 같은 것을 주워 온다고 한다. 그리고 주워 온 재료를 테이블에 늘어놓으면서 "이런 느낌이면 좋겠어"라며 색과 질감을 둘러싼 디자인 작업을 진행한다는 이야기를 들은 적이 있었다.

야기 저에게 사무실은 생각하는 곳이 아니라 일하는 곳이에요. 그래서 의자에 앉아 있는 시간이 거의 없어요. 온종일 직원들 주변을 돌아다니죠.

— 갑작스러운 질문이지만, 업무 중에 식사는 어떻게 하시나요?

야기 다 같이 먹어요. 오늘은 샌드위치를 배달시켜 먹었죠. 배달 음식이긴 하지만 세라믹 접시에 옮겨서 먹고, 플라스틱 숟가락은 절대로 사용하지 못하게 합니다. 사무실에서 식사를 만들지도 않아요. 왜냐하면 빨리 집에 가서 제대로 생활하는 것이 더 중요하잖아요. 짧은 시간 내에 재빨리 기분 좋게 먹습니다. 늦은 시간에 먹으면 다음 날 피로가 남으니 야근이 예정된 날은 다들 일찍 식사해요. 하지만 누군가가 간식을 사 오면 같이 앉아 자주 차를 마시곤 하죠(웃음).

— 입체적인 사물을 만지작거리면서 디자인을 진행하거나 촉감이나 냄새를 느낄 수 있는 프레젠테이션을 하신다고 들었어요.

야기 촉각적인 결과물을 만드는 게 특기거든요. 미국에서 사업하는 이상 특색 있는 스타일이 굉장히 중요하고, 무엇보다 저희가 보고서를 가지고 가지는 않으니까요. 냄새를 맡게 하거나 만져 보게 하지 않으면 '느낌'이 전달되지 않아요.
커뮤니케이션이 꼭 말을 통해 이루어지는 것은 아닙니다. 예를 들어 서툰 영어라고 해도 다른 사람보다 제가 말하는 편이 역시 잘 전달되거든요. 무슨 말씀인지 아시려나 모르겠네요. 무엇보다 태도나 분위기·템포나 타이밍, 그런 것을 전달하는 게 중요해요. 디자인이란 단순히 시각적인 것만은 아니니까요.

그러니까 그것은 굳이 입으로 말하지 않아도 손으로 만져 보면 금방 알 수 있죠. '이런 느낌이에요'라는 점이 다 전해집니다. 이 도색한 스틸도 손에 쥐어 보면 '이 파란색은 바탕에 흰색을 칠해서 나오는 거구나'라는 사실을 알 수 있죠. 그리고 도료가 어느 정도 두께인지 등 사람의 손길이 닿은 흔적이 느껴집니다. 이런 디테일이 굉장히 중요해요.

그렇기에 괜히 스케치 같은 걸 그리기보다 이미 있는 것들을 얼마나 좋은 형태로 만나고 만지고 관찰하는지가 중요하죠. 촉각적으로 작업을 진행하다 보면 본능적인 부분이 좋은 형태로 남게 됩니다.

하지만 요즘의 디자인은 컴퓨터를 상대로 싸우는 것 같지 않나요? 최종적인 사물과의 대화가 이루어지지 않아요. 이 사무실에도 매킨토시는 많지만, 저희 디자인 작업은 최대한 두 가지 감각을 오가며 진행하고 있어요.

직원 사무실의 슬로건인 'Good design is in the nature of things'는 모든 사물에는 그 자체로 좋은 점이 있다는 뜻이에요. 밖에서 주워 온 물건이 자연물만 있는 것은 아닙니다. 화학적인 포장재도 있어요. 모두가 다양한 것들을 가져와서 소재로 삼아 일종의 '팔레트'를 만들어

갑니다. 그런 과정에서 무언가 특별한 느낌을 받음과
동시에 직감 같은 것이 공유되죠. 그렇게 진행하는 것이
야기 씨 스타일이에요. 누군가가 무언가를 주워 오면, 모두
모여 서로 보여 주며 이야기하는 거죠.

만드는 힘은 '관찰력'에 따라 달라진다

시베리아에 사는 이누이트족에게는 눈雪을 나타내는
100종류의 단어가 있고, 이를 각기 구분해서 사용한다
고 한다. 하지만 도쿄에서 자란 나에게 눈이란 함박눈·
가루눈·보통 눈·진눈깨비가 섞인 눈 등 약 4종류에 불
과하다. 이누이트족 사람들이 눈의 세계에서 살아가려
면 그 눈을 고화질로 구분하고 서로에게 전달할 수 있는
언어가 필수다. 지시하는 단어의 폭은 그 사물과 현상에
관한 감수성의 폭을 나타낸다.

한 의류 디자이너의 작업실을 방문했을 때, 그는 작
은 서랍으로 가득 찬 벽면을 보여 주었다. 그곳에는 세
계 각지에서 수집한 천과 실이 색깔별로 구분되어 보관
되어 있었다. 그는 가끔 그 서랍을 열어 새로운 텍스타

일의 색을 매칭해 본다. 스스로 만드는 자기만의 컬러 샘플인 셈이다. 서랍을 앞에 둔 그 디자이너는 일반인의 눈에는 같은 색으로 보일지도 모르는 섬세한 색감을 구분하며 아직 보라색이 부족하다고 중얼거렸다.

그도 야기 씨처럼 색상 견본이 아닌 전혀 다른 것, 예를 들어 복숭아를 직원에게 건네면서 "이 분홍색처럼……"이라고 말하며 색상을 지정한 적이 있다고 한다. 이때 건넨 '복숭아'에는 단순히 분홍색이라는 색을 넘어선 정보가 담겨 있다. 그 질감과 촉감·맛·무게·덧없음, 이 모든 것을 포함한 정보가 하나의 경험으로 직원에게 전달되며 공유된다.

컴퓨터 화면의 표현 능력은 일반적으로 1,670만 색이며, 팬톤의 기본 색상 견본은 1,100색이다. 하지만 세상은 당연히 1,670만 색도 아니고 1,100색도 아니다. 색상 견본의 색은 어디까지나 공장과 소통하기 위한 기호이며 축약된 정보에 불과하다. 하지만 그 색상 견본으로 인해 오히려 우리의 세계관이 좁아지는 일이 곳곳에서 일어나고 있지는 않은가.

예를 들어 서양 음계의 평균율에서 한 옥타브는 12음계이지만, 세상에는 5음계·7음계를 비롯해 4분음의 차이를 구분하는 음악도 존재한다. 음정은 음계의 틈새에 무한히 흩어져 있다. 바이올린이나 콘트라베이스·거문고 등 프렛이 없는 현악기는 물론이고, 무엇보다 사람의 음성이 가장 알기 쉬운 예일 것이다.

일리노이대학교에서 실시한 실험에 따르면, 인간이 인지할 수 있는 최고음과 최저음 사이에서 귀로 명확하게 구분할 수 있는 음의 개수는 1,378음이었다고 한다. 피실험자의 상태나 문화적 배경에 따라 크게 달라질 수 있는 실험 결과이긴 해도, 적어도 피아노 건반 수인 88음은 아니다. 한때 화제가 되었던 절대음감이라는 말은 재능이라기보다는 후천적으로 주어지는 색안경 같은 측면이 있다.

괴테는 실험을 통해 자연계의 빛을 일곱 가지 색으로 분해했다. 이는 연속된 색의 스펙트럼을 과학적으로 다루려고 과감하게 시도한 해체 작업이었지만, 결과적으로 사람들에게 '일곱 빛깔 무지개'라는 강력한 색채 개념을 심어 주었다. 말을 할 수 있게 된 나이의 아이일수록 크레파스로 사람의 얼굴을 그릴 때 우선 살구색 크레파스를 찾으려고 한다. 물론 사람마다 피부색이 다르고 살구색 크레파스와 같은 피부색을 가진 사람은 드물다. 어쨌든 개념이 살아 있는 체험을 축소하는 것이다.

미술대학에서 디자인 교육에 종사하다 보면 디자인 도구로서의 컴퓨터의 폐해를 통감할 때가 있다. 애플리케이션에는 쉽게 사용할 수 있는 인터페이스가 있다. 예를 들어 폰트의 경우 10·12·14·18…… 등의 크기를 풀다운 메뉴에서 선택할 수 있다. 물론 그 외의 크기에 대해서도 소수점 이하 자릿수까지 제어할 수 있지만, 학생들의 최종 결과물을 보면 인터페이스상에 마련된 제어 단위를 그대로 사용하는 경우가 흔하다.

이것은 도구의 정밀도가 물건을 만들 때의 정밀도를 규정하는 하나의 예다. 사용하기 쉽다는 말은 무언가를 버린다는 말과 같다. 처음 사용하는 디자인 도구가 컴퓨터인 세대에게는 생략된 인터페이스가 작업의 전제 조건으로 학습·인식되고 만다.

예를 들면 학생들에게 영화 전단지나 잡지 페이지 중에서 고른 무언가 좋은 소재를 제시한 후 '이것을 컴퓨터로 완벽하게 모방하라'라는 과제를 준다고 치자. 그러면 기본 메뉴 수치에서 벗어난 디자인의 디테일·폰트 사이즈의 세밀한 제어·글자 하나하나의 간격 조정 같은 작업의 존재가 눈에 들어온다. 그렇게 어떤 디테일이 쌓여 디자인의 강도와 긴장감이 형성되는지 경험으로 이해할 수 있게 된다. 그리고 관찰의 정밀도가 높아지면, 그 영향을 받아 본인의 디자인 정밀도도 높아진다. 디자인뿐만 아니라 스포츠나 요리에서도 모방은 기본 실력을 높이는 방법이지만, 그 핵심은 우선 관찰을 통한 이미지의 정밀도 향상에 있다.

그 사람이 가진 지식과 정보의 '해상도'가 얼마나 높은지가 그 사람이 내놓는 결과물의 질을 결정한다. 예전에 한 피아노 연주자에게 "음악가에게 가장 중요한 능력은 무엇입니까?"라는 질문을 던지자, 그는 망설임 없이 "듣는 능력입니다"라고 답했다. 자기가 내는 소리를 듣는 능력이 없으면 그 이상의 발전은 없다. 자신이 상상하는 이미지와 현실의 괴리가 느껴지기에 고민하고 성장할 수 있다. 만약 '나는 충분히 좋은 소리를 내고 있다'고 느낀다면 거기가 그 사람의 음악적 한계가 된다. 그렇기에 그는 듣는 능력을 계속해서 갈고닦아야 하며, 이 능력은 나이가 들면서 진화할 수 있다고 말했다.

앨범 『펫 사운즈』 녹음 중, 비치 보이스의 메인 보컬인 브라이언 윌슨은 코러스 파트를 부르는 동생 데니스에게 양쪽 손바닥을 펼쳐 귀 뒤에 대고 노래해 보라고 조언했다고 한다. "동생에게 가르친 것은 노래를 잘 부르는 요령이 아니라 자신의 힘을 최대로 발휘하는 방법이었습니다. 손을 귀에 살짝 갖다 대는 것만으로도 충분했죠"라고 그는 말했다.

만드는 사람의 관찰력이 낮으면 무엇이든 금방 완성된다. '다 됐다'고 생각하기 때문이다. 하지만 반대로 관찰력이 높으면 좀처럼 완성에 도달하지 못한다. 영화감독 구로사와 아키라는 음악 평론가인 시부야 요이치渋谷陽一와의 인터뷰집(『구로사와 아키라, 미야자키 하야오, 기타노 다케시: 일본의 세 연출가』黒澤明、宮崎駿、北野武: 日本の三人の演出家)에서 관찰력과 표현의 관계를 다음과 같이 말했다.

"예를 들어 세잔이든 누구이든 오랜 시간을 들여서 그림을 그리지 않습니까? 하지만 그림을 못 그리는 사람은 그림을 금방 완성하거든요. 그렇게 오래 그릴 수 없어요. 그 말은 곧 세잔 같은 사람들이 보는 것을 우리는 보지 못한다는 거고, 그들이 보는 것과 우리가 보는 것은 다르다는 거죠. 그래서 그들은 그렇게 열심히 그리는 거예요. 자신에게 보이는 것을 제대로 표현하고 싶어서요."

낮은 관찰력에도 불구하고 높은 완성도를 가진 표현이 탄생한다면 그것은 기적에 불과하다. 운에 관한 이야기는 논외로 하고, 재능이란 그런 기적보다 오히려 관찰하는 힘에 있는 것이 아닐까. 어떤 작업이 완성도가 높다면, 그 작업자의 일하는 방식 곳곳에 사물에 대한 관찰력과 해상도를 높이기 위한 노력이 이미 포함되어 있다.

작업과 몸의 감각

세상을 느끼는 해상도에 관해 생각하려면 그 '필터'라 할 몸을 떠올릴 수밖에 없다. 건강한 몸에 건강한 정신이 깃든다는 말이 있는데, 타당한 말이라고 생각하면서도 그 너무나 건전한 울림에 고개를 쉬이 끄덕이기는 어렵다. 하지만, 사실 몸 상태 하나에 따라 세상만사를 긍정적으로도 부정적으로도 느끼게 된다.

소설가 무라카미 하루키村上春樹는 자신의 몸을 글을 쓰는 환경으로 강하게 인식한다. 그는 『양을 둘러싼 모험』을 쓴 33세 무렵, 장거리 달리기를 시작했다. 그가 몇 차례 풀코스 마라톤에 출전했다는 사실은 잘 알려져 있다. 소설 쓰기는 1년에 걸쳐 쓴 것을 다시 1년을 들여 10번이고 15번이고 머릿속으로 고쳐 쓰는 작업이라고 한다. 그 작업을 지탱하는 정신적인 집중력과 지속력은 몸 상태에 크게 좌우된다고 그는 말한다.

"20대·30대 때는 할 수 있죠. 다만 40대·50대가 되면 그런 파워가 어쩔 수 없이 떨어지거든요. 할 수 있던 것을 못 하게 됩니다. 물론 극히 일부의 천재는 다르겠지만, 대다수 사람은 그렇습니다. (……) 저는 천재가 아니기에 그런 파워 같은 것을 하나의 시스템으로 만들고자 생각한 거죠." (『브루투스』BRUTUS 1996/6/1호에서)

비교적 연령대가 높은 그래픽 디자이너 중에는 1밀리미터 안에 10줄의 선을 그을 수 있는 사람이 있다고 한다. 먹줄펜 등의 도구를 사용한 수작업 이야기다. 이 이야기는 디자인의 도구로 컴퓨터를 사용하기 시작한 1990년대 전반에 시대착오의 예시로 종종 언급되고는 했다. "1밀리미터 안에 10줄의 선을 긋는 기술을 두고 프로의 솜씨를 이야기하던 시대도 있었지만, 컴퓨터를 사용하면 그런 건 누구든 그을 수 있다. 프로와 아마추어를 가르던 울타리는 허물어졌고, 앞으로는 누구든 디자이너가 될 수 있다. 디자이너에게 요구되는 것은 기술보다 오히려 '센스'의 문제가 될 것이다"라는 식이었다. 비슷한 말은 음악 분야에서도 나왔다. 악기를 능숙하게 연주하지 못하더라도 컴퓨터로 악보를 찍고 샘플링 기술을 이용하면 누구든 음악을 만들 수 있다는 것이다.

그 마음을 모르는 바는 아니지만 그런 사고방식은 조잡하다. 물건을 만들 때 컴퓨터를 사용하는 방식이 정착된 지금, 프로라면 수작업 솜씨가 어때야 한다라고 생각하는 사람은 그다지 많지 않을 테다. 그러나 기술에는 그것을 행하는 몸이 동반된다. 그리고 고도로 조절된 몸의 감각 안에서 미의식이 태어난다.

실제로 해 보면 알 수 있지만, 1밀리미터 안에 10줄의 선을 그으려면 호흡·집중력·몸 전체의 뼈와 근육의 미세한 제어·중심 잡기 등 고도한 신체감각이 요구된다. 올바른 자세가 갖춰지지 않으면 선을 긋지 못한다. 과거에는 그래픽 디자이너의 어시스턴트가 되고 얼마간은 줄곧 선만 그었다고 한다. 깔끔한 선을 그으려면 먹줄펜 끝을 숫돌로 갈아서 도구의 상태도 정비해야만

한다. 그 과정에서 길러지고 몸에 새겨지는 미의식은 귀한 가치가 있다.

도예가 가와이 간지로河井寬次郎*는 친구이자 마찬가지로 도예가인 하마다 쇼지浜田庄司의 작업에 관해 다음과 같이 글을 남겼다.

"하마다가 만든 것은 언제나 훌륭한 기획을 제시한다. 그것은 하마다 자신에게 그런 법칙 그 자체와 같은 면이 있기 때문이다. 만든 물건뿐만이 아니다. 그의 몸 그 자체·삶 그 자체가 훌륭한 방식을 따르고 있다."

일하는 사람의 몸과 그에 따라 길러진 감각은 가장 기본적인 업무 환경이다.

---

* 1890~1966년. 도예가. 무형유산이나 문화훈장에 추천되었음에도 이에 응하지 않고 조형을 둘러싼 일에 생애를 바쳤다. 저서로 『불의 맹세』(火の誓い) 등이 있다.

후카사와 나오토가 일하는 방식

후카사와 나오토深澤直人 씨는 디자인 기업 아이디오IDEO의 일본 사무소 대표를 거쳐 지금은 디자인 사무소 나오토후카사와디자인을 운영한다. 그는 일본 기업 다이아몬드의 디자인 매니지먼트네트워크기구와 공동으로 1999년부터 여러 기업의 디자이너를 대상으로 '위드아웃 소트Without Thought' 등의 교육 프로그램을 진행했다. 주제는 매년 바뀌지만 그 방법론은 일관된다. 무언가 특별한 디자인 테크닉을 전수하는 것은 아니다. 일상에서 사물을 주의 깊게 관찰해 발견한 단서를 바탕으로 디자인하는 것·다양한 시점을 도입하여 아이디어에 객관성을 부여하는 것·제품 시제작보다 더 앞선 단계에서 잠재적인 문제를 찾아내는 것, 이처럼 극히 당연한 디자인의 길을 참가자와 함께 걷고 있다.

"워크숍은 우선 관찰에서 시작합니다. 예를 들어 커피에 액상 크림을 넣는 행위를 2인 1조로 서로 관찰하고 발견한 것을 보고하게 합니다. 액상 크림이 담긴 플라스틱 용기를 어떻게 열고, 어떻게 따르고, 다 따른 것을 어디에 놓는지를요. 무척이나 짧고 단순한 행위지만, 자칫하면 아무것도 발견하지 못할 수도 있습니다. 하지만 자세히 보면 액상 크림 용기를 커피에 직접 담그는 사람이 있는가 하면 설탕 스틱 봉지를 접어서 빈 용기에 넣는 사람도 있습니다.

각각이 깨달은 점을 모아 보면, 단순한 행위에 관해서도 다양한 면이 보이고 '열고 따르고 내려놓는다'만으로는 관찰이 부족하다는 사실을 자연스레 깨닫게 됩니다. 그중에는 '이런 부분을 봤습니다!'라며 즐거워하는 사람도 나오고, 마지막에는 겨우 몇 초 되지 않는 행위에 대해 화이트보드 하나가 가득 찰 분량의 관찰 기록이 완성됩니다.

디자인을 시작하려면 이렇게 관찰해서 문제점을 발견하고 디자인의 힌트를 찾아내야만 합니다. 화이트보드에 적힌 관찰 기록을 앞에 두고 '좋은 관찰이란 무엇일까요?'하고 추상적인 질문을 던집니다. 좋은 관점을 찾아낸 순간에는 구체적인 아이디어가 눈 앞에 펼쳐집니다. 다른 사람의 좋은 관찰을 화이트보드에서 발견해 나가는 도중에 이런 디자인 방식이 조금씩 전해집니다.

하지만 많은 디자이너는 그런 프로세스에 시간을 할애하지 못하고 일단 먼저 무언가를 형태로 만들어야 하는 조건에서 매일 일하고 있습니다. 그들이 나쁜 것이 아니라, 사회나 기업 활동이 그런 행위를 조장하죠. 단기적인 효율성을 중시하는 상황에서 디자인하려면 어쩔 수 없이 어느 정도는 머릿속으로 디자인을 진행해야만 합니다. 하지만 역시 물건을 만들어 나가는 과정에서 체험하는 다양한 생각을 더욱 소중히 여기는 편이 좋습니다. 그것은 보물과도 같으니까요."

2

조 설계집단을 만나러
홋카이도 오비히로에 가다

"손을 움직이기 전에
들인 시간에 비례하여
일이 재미있어집니다."

조 설계집단(象設計集団)
도미타 레이코(富田玲子), 히구치 히로야스(樋口裕康),
마치야마 이치로(町山一郎) 3명이 대표를 맡은 건축
아틀리에. 홋카이도 도카치와 도쿄·대만에 사무소가 있다.
1979년, 나고시 시청사 설계 공모에서 최종 선정되었다.
이후 학교·병원 등의 공공시설 외에 녹지·공원·산책로 등의
환경 설계까지 폭넓게 다루고 있다.
http://www.zoz.co.jp/

건축설계 아틀리에인 조 설계집단은 1991년에 도쿄 나가노에서 홋카이도 오비히로로 사무소를 옮겼다. 폐교한 초등학교를 아틀리에로 개조하여 설계 활동을 이어가고 있다. 직접 방문했을 때 그들은 근처의 유치원(마찬가지로 폐원)도 빌린 상태였다. 다음으로 염두에 두고 있다는 초등학교까지 구경할 수 있었다. 취재 당시, 멤버는 홋카이도 오비히로에 12명 내외, 도쿄에 7명 내외, 그 밖에도 야마나시현 하쿠슈정 등의 건축 현장에 나가 있는 여러 명이 있었다. 또 대만에도 사무소가 있고 그곳에는 15명 정도가 근무한다고 했다.

사무소는 상당히 규모가 크다. 교정은 매우 넓고 그들은 마음 내키는 대로 좋아하는 축구에 빠져들 수도 있다. 식사는 급식실에서 해결한다. 체육관은 지역 사람들이 집합소로도 이용한다. 직원들은 인근에서 집을 빌려서 생활하는데, 월세는 약 3만 엔 정도다. 폐교의 임대료 또한 놀랄 정도로 저렴하다. 하지만 생활비나 임대료에 관해 말하고 싶은 것은 아니다. 그들이 선택한 근무지의 입지가 어떤 일하는 방식을 가능케 하는지를 소개하고 싶다.

　건축설계는 다른 디자인 분야와 비교할 때 프로젝트 기간이 길다. 클라이언트와의 미팅도 그렇게 빈번하지 않다. 도시에 연락 거점을 남겨 두고 사무소 본점은 교외나 지방으로 이전하는 그들과 같은 업무 스타일은 다른 업종과 비교할 때 현실성이 높다. 조 설계집단은 창립 멤버들이 대학을 졸업한 후, 우선 도쿄 와세다에 아틀리에를 마련했다. 그 후 옮겨간 히가시나가노의 아틀리에는 200평에 가까운 오래된 저택이었다. 재개발에 따른 퇴거가 결정되어 이전할 곳을 오비히로로 결정했을 때, 동 아틀리에의 대표 중 한 명인 도미타 레이코 씨는 "땅 위에 세우는 것은 땅 위에서 생각하자"라고 말했다고 한다. 오비히로의 아틀리에를 방문해 조 설계집단의 대표 중 한 명인 마치야마 이치로 씨에게 이야기를 들었다.

―― 홋카이도에서 일하는 단점이 있나요?

마치야마 업무상 지장은 딱히 없습니다. 건축 분야는 슬슬 건물을

세울 단계가 되면 현장에서 체류하니까 그 이전에는 어디에
있든 상관없는 상황이 많거든요. 예를 들어 지금 제 팀은
도쿄의 일을 맡았는데, 한 달에 두세 번 도쿄에 가면
나머지는 전화나 팩스로 충분합니다. 지금은 통신도 충분히
발달해서 크게 단점은 느껴지지 않네요. 반대로 장점을
말하자면, 커다란 공간을 싸게 쓸 수 있다는 점을 꼽을 수
있죠. 도시에서 커다란 작업장을 쓰려면 유지비만으로도
꽤 큰 금액이 드니까요. 저희는 그런 부담이 거의 없습니다.
생활비도 여기에서는 그렇게 많이 들지 않고요. 이것은
중요한 이야기라고 생각해요. 그렇게 큰돈이 필요 없다면
역시 마음 편히 살 수 있으니까요.

— '이 작업을 언제까지는 끝내야만 한다' 같은 유지비
에 따른 예산 압박이 줄어든다는 말이네요.

마치야마 맞아요. 지금 제 팀이 담당 중인 양로원 설계 작업을
예시로 얘기해 볼까요. 올해 1월부터 시작해서 내년
9월에 실시설계를 마칠 예정인 총 20개월 정도 소요되는
프로젝트입니다.[*] 지금은 스케치를 정리하는 단계지만,
여기에 이르기까지 양로원 관련 공부를 꽤 했습니다.
클라이언트와 함께 계속해서 책을 돌려 보고 있어요.
지금은 목욕 시설에 관한 설계를 정리 중인데, 계속 신경이

---

[*] 특별양호양로원 세이유노이에(清遊の家)[도쿄 가쓰시카
구, 1988]. 양로원 시설 외, 재택 서비스 센터와 어린이집이
있다. http://www.seiyunoie.or.jp/　　　　　　46

쓰이는 부분이 있어서 조만간 히로시마에 있는 한 시설을
방문할 계획입니다.

프로젝트가 시작되고 첫 3개월 정도는 손은 그다지 움직이지
않고 공부에 집중했습니다. 그리고 우선 51개 시설을
실제로 보러 가기로 정하고, 북유럽부터 국내까지 관심이
가는 곳은 대부분 견학하고 실제로 체험도 했습니다. 목욕
시설도 체험해 보고 사회복지사 일도 직접 해 봤습니다.
입주자와 같은 방에서 묵고 같은 식사를 하며 같은 생활을
해 보기도 하고요.

그러는 동안 점점 무엇을 해야 하는지·무엇이 문제인지·우리는
무엇을 할 수 있는지가 세세한 부분까지 보이기
시작합니다. 이 공부 단계가 무척이나 재미있어요. 다양한
분야에 많은 선구자가 있고, 각각의 현장에서 훌륭하게
실천하고 있습니다. 그런 사람들과의 만남은 흥분되는
경험이고, 그 이후 그들과 친구가 되어 사이좋게 지내기도
합니다.

장르를 넘어선 이런 경험을 최종적으로 건축에 살려 나갑니다.
스터디 단계는 시간적으로도 경제적으로도 부담이
되긴 하지만, 소중히 여기고 있습니다. 그리고 무엇보다
재미있어서 스터디 단계를 버린다면 일을 길게 유지하지
못할 것 같아요.

'시간'은 자원이다

조 설계집단이 관여한 작업 중에 이낙스INAX가 1995년부터 판매를 개시한 상품 '소일 세라믹스'가 있다. 구워서 만드는 것이 아니라 '굳혀서 만드는' 이런 스타일의 타일은 유기물인 상태를 유지하기에 언젠가 흙으로 되돌릴 수도 있다. 새로운 물건같은 아름다움이 유지되는 것을 전제로 하는 타일 상품에 경년 변화에 따른 멋이라는 발상의 전환을 부여했다.

이 상품은 이낙스의 루틴화된 상품 개발 라인이 아니라 조 설계집단의 히구치 씨·아와지섬에 사는 미장장인 구스미 아키라久住章 씨 등이 참여한 수년에 걸친 변칙적인 협동 작업에서 탄생했다. 그들은 아와지섬과 다지미·이란과 실크로드의 중심 도시 카슈가르 등 흙과 더불어 사는 현장을 찾아 있는 그대로의 모습이나 편안함을 함께 체험했다. 이런 프로세스를 거쳐 무엇이 중요한지, 무엇이 편안한지와 같은 감각이나 생각이 전문 분야나 지위가 다른 직원 사이에서 공유되었다고 개발을 담당한 이낙스의 기술자에게 들은 적이 있다. '소일 세라믹스'는 1989년에 히구치 씨를 포함한 사내 회의에서 시작되어 6년 후, 1995년에 도쿄 아카사카 아크힐즈에 리뉴얼 오픈한 쇼룸 '엑스사이트힐XSITEHILL'에서 결실을 보았다.

오비히로 사무소에서는 설계 작업에 앞서 작성한다는 그들의 필드 워크 자료도 구경했다. 이 자료가 무척이나 매력적이었다. 현장 주변 지도에는 각 멤버가 본 것·느낀 것·깨달은 것이 서로 다른 색의 볼펜으로 속속들이 기록되어 있었다. 사진 스크랩이나 시찰 자료 파일을 열어 봐도 마찬가지였다. 그것은 각각의 경험을 팀 전원이 공유하는 생생한 플랫폼이었다. 설계 이전 단계에 투입하는 이런 업무량은 건축물에 짙게 반영된다. 그야말로 수고를 아끼지 않는 작업이다. 이런 식으로 일할 수 있는 이유는 그들이 '시간'이라는 자원을 많이 가지고 있기 때문이다. 그 '시간'은 작업장의 입지를 선택함으로써 의식적으로 만들어 낸 것이다.

과거 인간이 다뤄 온 일을 돌아볼 때, 가장 크게 느끼는 것은 거기에 투입된 '시간'의 두께다. 업무량의 차이라고 바꿔 말해도 좋다. 현대의 건설 기술을 이용해도 피라미드를 만들 수는 없다고 들은 적이 있는데, 우리가 피라미드에 크게 감동하는 이유는 거기에 투입된 인간이 해낸 일의 두께 때문이다. 피라미드까지 거슬러 올라가지 않더라도 바로 얼마 전, 예를 들어 반세기 전의 목제 가구만 보더라도 그것은 명백하다. 폴 매코브Paul McCobb라는 디자이너의 목제 책상이 집에 있다. 미드센추리 가구 디자이너 중 한 명이 만든 별다른 것 없는 책상이지만, 작은 디테일부터 재료 선정·서랍 손잡이 마감까지 정성을 다한 손길이 구석구석 담겨 있어 사용하다 보면 마음이 풍요로워진다. 어떤 가치관으로 이 책상을 만들었는지 하나하나의 디테일이 조용히 말해 주기 때문이다.

이와 같은 일을 접하다 보면 만드는 이의 시간 감각이 불과 50년 정도 사이에 크게 달라진 듯하다. 지적할 필요도 없는 이야기일까. '시간은 금이다'라는 말로 대표되듯 사람이 시간을 지폐로, 지폐를 시간으로 교환하는 아이디어를 얻은 무렵부터 시간이 드는 일은 효율화에 쫓기거나 혹은 특별한 공예품처럼 취급받게 되었다. 하지만 시간을 들이지 않으면 달성할 수 없는 일이 분명히 있다. 요리나 공연 예술처럼 물질로 남지 않는 것은 과거 어떤 수준을 유지했는지 알 길이 없지만, 건축이나 공예품은 그 차이가 일목요연하다.

디자인뿐만 아니라 많은 업무 현장에서 효율성이 요구된다. 하지만 무엇을 위해서일까? 대부분은 경제적인 추구일 뿐, 업무의 질을 높이기 위한 수단은 아니다. 물론 속도나 기세·리듬은 좋은 일에서 빼놓을 수 없는 요소다. 하지만 경제 가치와 그 업무의 질적 가치는 가고자 하는 방향이 애초부터 다르다. 불필요한 부분을 없앤 합리성·생산성·효율성을 좋은 것으로 삼는 가치관의 끝에 있는 것은 극단적으로 말하면 모든 디자인이 패스트푸드화된 글로벌리즘적 세계다. 그 게임에서 빠져나와 일에서 충실성을 되찾으려면 우리는 먼저 '시간'을 손에 다시 쥐어야만 한다.

기획서에는 드러나지 않는 것

조 설계집단이 설계를 시작하기 전에 다양한 체험을 공유하는 것처럼, 본격 작업에 들어서기 전 단계를 중시하는 사람이 좋은 결과물을 만들어 낸 예는 많다. 게임 프로듀서인 미즈구치 데쓰야水口哲也 씨는 전 세계적 히트작인 '세가 랠리'를 기획·제작했다. 그가 이끄는 팀은 그

후 세가에서 독립했고, 이후 유나이티드게임아티스트라는 프로덕션을 맡아 '스페이스 채널 5'나 'Rez' 등 화제의 게임을 만들었다. 미즈구치 씨는 일본의 게임 디자인계를 이끄는 귀중한 인재 중 한 명이다*. 그는 업무를 할 때 프리 프로덕션 단계, 즉 실제로 만들기 전의 시간을 언제나 중요하게 여긴다.

'스페이스 채널 5'는 임박한 외계인의 침략을 주인공이 춤을 추며 맞서 싸우는 게임이다. 많은 캐릭터를 데리고 춤을 추는 화려한 감각을 구현하기 위해 그는 프로젝트 초기 단계에서 핵심 직원 몇 명과 뉴욕을 방문했다.

"뮤지컬 감각을 얻고 싶어서 기획자와 AD를 데리고 뉴욕에서 5일 정도 줄곧 뮤지컬을 관람했습니다. 출발 전날에 AD에게 전화했어요. 급하게 부른 이유는 준비를 너무 많이 하지 않는 편이 좋기 때문이죠. '여권 가지고 있지? 미안하지만 하루 뒤에 뉴욕으로 와 줄래?' 하고 말했죠(웃음). 그리고 뮤지컬을 보면서 어떻게 하면 정말로 재미있어질까 매일 대화했어요. 그러고 나서 돌아오면 디자이너들의 작업이 달라지거든요."

핵심 직원과 함께 체험 여행을 떠나는 방식은 그가

---

* 2008년 기준, 미즈구치 데쓰야 씨는 Q엔터테인먼트주식회사 대표이사 겸 CCO로서 '루미네스' 시리즈 등을 개발하고 있다.

처음으로 게임을 제작했을 무렵부터 시작했다. '세가 랠리'를 만들 때는 4명의 직원과 2주 정도 미국 중서부를 드라이브했다. 이 여행은 게임 속에서 특히 중급 코스 디자인에 활용되었다고 한다. 그 후 『맨크스 TT』라는 오토바이 레이싱 게임을 만들 때는 아일랜드해에 있는 맨섬으로 향했다. 섬 전체가 랠리 코스인 이 섬에서 다수의 직원과 일주일 이상 체류하면서 코스 시승을 포함한 체험을 공유했다. '세가 랠리'의 다른 버전에서는 디자이너와 프로그래머를 데리고 사파리 랠리 드라이버와 함께 3일간 인도네시아의 정글 속으로 들어갔다고 한다.

새삼 말로 하지 않아도 모두가 아는 '무언가'를 공유하는 팀은 강하다. 스포츠도 물론 그렇지만, 해외에서 볼 때 일본 기업 조직의 강점은 그야말로 거기에 있었을지도 모른다. 영화 『그랑블루』의 감독 뤽 베송Luc Besson과 배우 장 르노Jean Reno 그리고 음악을 담당한 에릭 세라Eric Serra 3명은 촬영이 시작되기 전 2개월간 지중해 바다를 돌아보며 매일 다이빙을 반복했다. 주인공은 어떤 마음으로 바다로 뛰어들었는지, 우리는 왜 이 영화를 만드는지, 왜 만들어야만 하는지 서로 대화하고 느끼고 체험을 공유하는 시간을 쌓았다고 한다. 암묵지*라고도 불리는 이런 유의 정보는 명문화하기 어렵다. 단어나 그림을 겹쳐가며 기획서의 페이지를 늘린다고 해서 게임이 재미있어지지는 않는다고 미즈구치 씨는 강조한다. 분명 그렇다. 직접 접했을 때 문득 느껴지는, 깨달음이라고도 말하기 어려운 무언가. 그것을 기획서에 적기란 불가능하고, 적으려 시도하는 자체가 난센스일지도 모른다. 콘셉트 정교화보다 중요한 것은 오히려 스태프 사이의 콘텍스트(공유 지식)를 얻는 것이다. 좋은 업무 현장에는 그런 콘텍스트를 키우는 능력이 뛰어난 사람이 있다.

---

* 학습과 경험으로 체화되어 겉으로는 드러나지 않는 지식 혹은 노하우─옮긴이

이토 히로시(GRV)가 일하는 방식

디자인 그룹 '그루비전(현 GRV)'의 스튜디오는 현재 도쿄에 있지만, 1997년 무렵에는 대표인 이토 히로시伊藤弘 씨를 중심으로 교토를 활동 거점으로 삼고 있었다. 이토 씨가 일하는 모습을 보고자 교토에 방문하여 반나절 정도 그가 작업하는 현장에 동행했다.

교토 시절의 그루비전은 스튜디오가 없는 프리랜서 모임으로, 이토 씨가 그들 사이를 자동차나 자전거로 오가며 그룹 작업을 성사시켰다(당시 인터넷 회선은 아직 느렸기에 이미지 데이터를 메일로 발송하기는 어려웠다). 이런 식으로 일하는 방식은 젊은 프리랜서 사이에서 딱히 드문 일은 아니다. 하지만 특히 인상 깊었던 것은 업무 미팅이 전혀 업무 미팅 같지 않다는 점이었다. 약간의 대화만 나누고 순식간에 끝나버렸다.

"분명 저희는 다들 무척이나 '하이 콘텍스트'이기에 그다지 많이 대화하지 않고도 대개 목표했던 성과가 나옵니다. 저한테 교토는 무엇보다 그런 '사람'의 존재가 가장 커요. 매일 만나 이야기를 나누는 게 아닌데도요. 떨어져서 일하면 나름대로 부하가 크지만, 각각 다른 장소에서 일함으로써 개개인의 창의성의 질이 자율적으로 유지되는 측면도 있습니다.

목표한 대로 일이 제대로 풀리는 이유는 사실 저도 잘

모르겠어요. 한 달에 한 번 메트로(교토 가모가와 강변에 있는 클럽)에서 하는 이벤트가 꽤 중요한 것 같아요. 지금 함께 일하는 동료들과는 모두 거기에서 만났습니다. 음악 밴드 피치카토 파이브 일도 메트로에서 시작됐고요. 저희에게 '클럽'은 매킨토시와 비슷할 정도로 중요한 공통 플랫폼이라 할 수 있겠네요. 그곳에서 처음으로 시도해 본 후에 도쿄나 다른 곳으로 가지고 가는 거예요. 무언가 만들어서 클럽 이벤트에서 선보인 후에 손님의 반응을 보고 '이건 먹히네(웃음)'라고 확인하는 식이죠. 항상 그렇게 실험하고 있어요."

야나기 소리를 만나러
도쿄 요쓰야에 가다

**"처음 생각한 것이
마지막까지 이어지는
일은 있을 수 없어요."**

야나기 소리(柳宗理)
1915년생. 일본의 디자인 역사 그 자체를 직접 걸어 온
공업 디자이너이다. 대표작으로 버터플라이 스툴이 널리
알려졌고, 도쿄만 횡단도로의 게이트 디자인 등도
담당했다. 야나기 공업디자인연구회 외 도쿄 고마바에
있는 일본민예관의 관장도 역임했다.

이 책의 서두에도 적은 것처럼 우리는 매일 누군가가 디자인한 것에 둘러싸여 살아간다. 바꿔 말하면 살아간다는 것은 다양한 사람의 '일의 결과물'을 365일 24시간 접하고 있다는 것이다. 그리고 '이런 걸로 충분해'라는 마음으로 만들어진 것은 서서히 '이 정도면 돼……'라는 감각을 사람들에게 전하게 된다.

그런 빈곤한 감각의 대량 복제에 공업화의 힘이 사용된다니, 찰스 임스Charles Eames를 비롯한 모던 디자인의 선구자들이 알면 어떻게 여길까. 그들을 마주 볼 면목이 없지만, 우리는 실질적으로 그런 빈곤함 속에서 살아간다. 물건이 산처럼 많이 존재함에도 풍요로움을 거의 실감할 수 없는 이유 중 하나는 여기에 있다. 하루하루의 식사·신문과 텔레비전을 통한 뉴스 등 사람들에게 영향을 미치는 일은 많지만, 그중에서도 디자이너는 감수성이 높은 표현물을 다루기 때문에 그 사회적인 영향력을 생각하면 사태는 꽤 심각할지도 모른다. 그런 생각을 하던 어느 날, 나는 야나기 소리 씨가 만든 커피잔을 손에 넣었다.

하얀 본차이나 식기에는 '이것은 무척이나 정성스럽게 만든 것이다', '이것은 소중히 사용해야 한다'라고 생각하게끔 하는 것이 강하게 내포되어 있었다. 손에 든 순간, 물건을 통해 내가 소중하게 여겨진다는 사실을 느낄 수 있는 디자인. 오늘날 이런 작업물은 드물다.

이 식기는 어떤 현장에서 태어났을까. 그의 설계실은 요쓰야역과 가까운 골목길의 막다른 곳, 마에카와건축설계사무소 건물의 반지하에 있었다. 사무소의 이름은 '야나기공업디자인연구회'다. 1950년대, 제1회 공업디자인콩쿠르에서 입상한 야나기 씨는 상금으로 100만 엔을 받았다. 하지만 본인이 말하길, '굴러 들어온 호박 같은 느낌이 들어서' 그중 50만 엔으로 사무소를 만들고, 나머지 절반은 공업디자인협회에 기부했다고 한다.

"어차피 내가 직접 회사를 운영한다고 해서 장사가 더 잘 되지도 않을 것 같다는 생각에 '연구회'를 만든 거예요. 재단법인인 공업디자인사무소는 이곳밖에 없습니다(웃음)."

─ 마지막까지 도면을 그리지 않는다고 들었는데요.

갑자기 형태를 만들기 시작하는 건가요?

야나기 맞습니다. 물론 치수 정도는 메모를 남기기도 하고, 마지막에는 생산으로 들어가야 하니까 도면화하지만요. 처음에는 일단 이런 식으로 다양한 모형을 만들어 보고, 이건 좋네, 이건 별로네, 하는 식으로 생각합니다. 냄비든 교량이든 마찬가지예요. 그런 검토를 매우 자주 하니까 엄청나게 시간이 걸리죠(웃음).

— 눈이 아니라 손으로 형태를 만지며 시작한다는 거 군요.

야나기 흐음. 형태라고 할까……. 형태도 물론 그렇지만, 역시 만들어 보니 무리가 있다거나 상태가 어떻구나, 하는 것을 연구하면서 모형을 만들어 나가는 방식이니까, 갑자기 도면부터 그리지는 않는다는 말입니다. 교량처럼 커다란 것도 우선 모형을 만들어요. 그런 후에 모멘트(누름돌)를 올려 보면 어디가 약하다거나 혹은 망가질 것 같다는 점을 알게 되죠. 그러면 전문가를 불러 의견을 듣거나 괜찮다는 확인을 받죠. 그런 방식이 재미있으니까 구조 전문가도 무척이나 기뻐합니다(웃음). 공장 기술자와도 구체적인 모델을 사이에 두고 대화를 나눕니다. 생산

과정에도 디자인적인 접근이 필요하니까요. 그런 사람들과 협력한 뒤에야 비로소 처음으로 디자인을 할 수 있습니다. 저 혼자서 할 수 있는 일이 아니에요. 반드시 협력하며 하는 것이 진정한 디자인이라고 생각합니다. 그것은 제 신념과도 같습니다.

— 그런 스타일은 언제부터 몸에 익히신 건가요?

야나기 르 코르뷔지에Le Corbusier의 가구 디자이너 중에 샬로트 페리앙Charlotte Perriand이라는 사람이 있었어요. 그녀가 제2차 세계대전 이후에 일본에 초청되어 방문했을 때, 저는 어시스턴트로서 일본 전국을 함께 돌아다녔죠*. 페리앙은 일본에 있는 동안 각지의 장인들과 다양한 가구를 만들었어요. 저는 그녀에게 디자인 방식을 배웠습니다. 그 사람도 처음부터 도면을 그리거나 하지는 않더군요.

— 야나기 씨는 스케치도 안 하시나요?

---

* 쇼와 시대(1926~1989) 초기, 상공성(현 경제산업성)은 '아시아의 조악품'이라는 일본 제품의 이미지를 떨치고 수출 장려를 도모하고자 외국 디자이너 몇 명을 일본에 초빙했다. 르 코르뷔지에 밑에서 가구 디자인을 하고, 그 후 장 프루베(Jean Prouve) 등과 공동 사무소를 연 샬로트 페리앙은 1940년, 사카쿠라 준조(坂倉準三)를 통해 상공성의 초대를 받았다. 일본에 온 페리앙은 교토의 가와이 간지로를 비롯하여 도호쿠의 일용품 장인 등 다양한 사람들과 만나 전통적인 기술과 소재를 활용한 가구 디자인 여러 개를 시제작했다.

야나기 스케치 같은 건 거의 안 하죠. 특히 프레젠테이션을 위한
그림은 절대로 그리지 않는다는 신념이 있거든요(웃음).
그런 사이비 짓거리는 할 수 없어요. 디자인에 관한 지금의
사고방식은 미국의 영향이죠. 즉 상업 디자인 말이에요.
로스앤젤레스에 아트센터칼리지오브디자인이 있잖아요.
전쟁이 끝나고 그곳에 방문한 적이 있어요. 그런데요,
미국의 자동차 디자인을 보고 이건 형편없구나, 하고
생각했죠. 그들은 스타일을 추구하며 책상 위에서 렌더링만
그리더라고요. 하지만 그렇게 해서는 좋은 디자인이
절대로 나오지 않습니다. 그건 그림에 불과하니까요.
뭐 초보자에게 알기 쉽게 보여 주기에는 좋겠지만요(웃음).
그래도 사이비 같은 행위라고 생각합니다.

— 스케치도 그리지 않고 갑자기 모형 재료를 다루시
는 건가요……. 도저히 상상할 수 없네요.

야나기 아, 저기, 그러니까 말이죠(웃음). 제 디자인 중에
버터플라이 스툴이 있잖아요. 그것을 만들 때 어떻게
했는지 말씀드릴게요. 그때는 염화비닐판을 사용했어요.
의자를 만들 생각 같은 건 전혀 하지 않은 채로 그것을
구부리기도 하고 이것저것 시도해 봤죠. 그러다가, 이런
형태로 의자를 만들면 좋지 않을까 깨달았어요. 뭐, 그래서

해 봤죠. 처음에는 앉는 방향도 90도 달랐고 등받이도
있었어요. 그때는 그것 말고도 상자라거나 이것저것
만들어 보기도 했어요. 대개 그런 식으로 시작하는 경우가
많아요. 바우하우스의 디자인 방식도 이와 마찬가지로,
공방을 중심으로 이런저런 것을 만들어 보면서 디자인을
생각합니다.

— 처음에는 최종적인 형태의 이미지가 거의 없는 건
가요?

야나기 이런 걸 만들면 좋겠는데, 라고 생각하는 건 있죠. 그래도
해 보는 과정에서 갑자기 나오게 됩니다. 다양한 형태가
나와요. 그게 항상 그렇더라고요. 이미지가 처음부터 있는
것이 아니라, 점차 변화하여 굳혀진다고 할까요. 그러기
전에는 엉망진창이죠. 어떤 것이 튀어나올지 알 수 없어요.

후지타(직원) 처음부터 예쁘게 만들자고는 아무도 생각하지
않아요. 종이 같은 것을 이렇게도 구부려 보고 저렇게도
해 보는 식이라고 할까요. 의자이든 식기이든 교량이든,
원형 같은 것을 만들면서 이런 건 어떨까요? 하고
대화합니다. 종이든 뭐든 어디에나 있는 소재로 계속해서
만들어 보는 거죠.

— 그런 초기 단계의 모형은 남겨 두시나요?

후지타 아니요. 그런 것은 계속 버리니까 없어요.

야나기 맞아요. 가장 처음에 생각한 것이 마지막까지 계속되는
일은 있을 수 없으니까요. 그래서 렌더링 같은 건 안 된다고
말하는 거예요. 가장 처음에 생각한 '이런 게 있으면
좋겠는데' 하던 것과 완성품은 완전히 다르거든요. 의자
하나만 봐도 적어도 1년 정도 시간이 걸립니다. 시간을
들여 최초의 이미지와 완전히 달라지는 것이 역시 진정한
방식이죠. 공장 같은 곳에 만드는 물건을 가지고 가면,
여기는 조금 불필요하다거나, 이런 건 돈이 많이 든다거나
하는 다양한 이야기가 나오죠. 상황에 따라서는 구조도
바꿔야만 합니다. 그러니까 처음부터 도면을 그리거나
렌더링을 하는 건 어떻게 봐도 무리예요. 뭐, 그러니까
지금 세간에서 이루어지는 디자인 방식은 역시 써먹을 수
없죠(웃음).

— 일부 디자이너나 학생은 작업을 시작함과 동시에
도서관으로 디자인 잡지를 보러 가거나 하잖아요.

야나기 그러니까 그게 안 되는 거예요. 그래선 안 돼요(웃음).

그건 정말 잘못된 방식입니다. 어떻게 하든 시간은 걸려요. 여기에서는 하나의 물건을 대개 1~2년 걸려서 디자인합니다. 그렇기에 비용도 꽤 많이 들죠! 그래서 저희는 가난하답니다(웃음). 그래도 그런 방식을 계속할 수 있는 이유는 뭐 좋아하기 때문이죠. 좋아하고, 또 어떻게든 디자인을 하고 싶다는 마음이 있으니까요.

'디자인을 위한 디자인'이 아닌

'생각하는 것'과 '만드는 것'은 언제부터 분리되었을까. 크래프트와 수공예의 시대에는 물건을 만드는 것은 비교적 개인의 손안에 있었고, 생각하는 것과 만드는 것은 연속된 하나의 일이었다. 하지만 건축 분야부터 현장에서 만드는 사람과 설계하는 사람이 나뉘게 되었고, 산업혁명 이후 공장이라는 생산력의 등장으로 인해 이 분리는 더욱 박차를 가하게 된다.

　산업사회를 사는 우리는 비생산적인 것을 배제하고 생산적인 것을 좋다고 여기는 가치관에 짙게 물들어 있다. 근대 디자인은 그 전형이지만, 근대의 디자이너인 야나기 씨가 그런 심성에서 자유로울 수 있는 배경에는 그의 아버지 야나기 무네요시柳宗悦 씨*가 펼쳤던 민예운동의 영향도 있을 것이다. 야나기 씨의 이야기에 미국의 아트센터칼리지오브디자인 이야기가 잠깐 나왔는데, 그 에피소드를 조금 보충하고자 한다.

아트센터칼리지오브디자인은 세계적으로 유명한 디자인 교육기관이다. 특히 열차나 승용차와 같은 교통수단 디자인에 강하고, 일본인 졸업생도 많다. 이 학교의 커리큘럼에는 렌더링이나 투시도를 동반하여 완성 예상도를 그리는 디자인 실습이 많다. 하지만 야나기 씨가 지적한 대로 자동차의 매력은 색이나 형태뿐만이 아니라 오히려 촉감이나 탑승감에 있다. 형태로 만들 때도 실제로는 3차원 커브의 연속으로 만들어지기에 애초에 자동차의 매력은 평면적인 그림으로는 표현힐 수 없다. 그럼에도 이 학교의 직원은 야나기 씨에게 득의양양한 표정으로 학생들이 그린 렌더링 스케치를 보여 주었다고 한다.

후일, 마찬가지로 미국에서 개최된 애스펀세계디자인회의에 연사로 출석했을 때, 야나기 씨는 아트센터

---

* 야나기 무네요시는 일본에서 민예운동을 일으킨 사상가이자 미술평론가·미술사학자이다. 한국의 전통 미술 및 공예품에도 많은 관심을 가져 이에 대한 평론 및 수집도 행했으며, 일제 강점기 시절 광화문 철거에 강력하게 반대하기도 했다. 1984년 9월 대한민국 정부로부터 보관문화훈장을 받았다. ─옮긴이

칼리지오브디자인에서 체험하며 느낀 경험을 바탕으로 상업주의에 지배당한 미국의 디자인 방식을 강한 어조로 비판했다. 회장은 침묵에 잠겼고 박수 소리도 거의 나오지 않았다고 한다.

숙소로 돌아온 야나기 씨가 '너무 심하게 말한 건가……'라고 낙심하고 있자니, 유럽의 한 대학 교수가 찾아와서 문을 노크했다고 한다. 그 대학 교수는 "야나기 씨의 말에 공감했습니다. 저도 최근 미국의 상업적인 디자인에 위화감을 느끼고 있거든요"라고 말했고, 이 만남이 계기가 되어 1961년에 1년간 독일의 대학에서 교편을 잡게 되었다고 한다.

어떤 분야이든 기술진화 과정에서 벌어지는 도착倒錯 현상이 있다. 목적과 수단이 바뀌어 버리는 현상이다. 일종의 오타쿠화라고 말해도 좋을지 모른다. 사진을 찍고자 장비를 모으는 와중에 장비를 모으는 행위 그 자체가 목적이 되는 것이다. 생활 기반을 만드는 것이 본래 목적이었음에도 어느새 건축물로서의 외관적인 아름다움이나 건축 잡지에 실리는 쪽에 온 신경이 쏠린 건축가가 그 예다.

이런 사람을 보면 우리는 쓴웃음을 짓게 된다. 하지만 디자인에서든 경제에서든 마찬가지 일이 벌어진다. 기업의 경제 활동 중 대부분은 경제를 위한 경제이며, 더 많은 돈을 벌어들이기 위한 일이 거듭된다. 하지만 본래 돈이란 인간이 교환하는 다양한 가치의 일시적인 대체물에 불과했지 그것 자체가 목적은 아니었다.

목적과 수단의 도착은 온갖 일에서 벌어질 수 있다. 물론 개인의 취미나 취향을 탓할 수는 없다. 록 뮤지션에게 기타 컬렉션은 있어야 마땅하고, 피아니스트라면 음악뿐 아니라 피아노라는 도구 그 자체에도 깊은 관심을 가져야만 한다. 하지만 그것이 지나치면 온갖 일의 최종적인 목표여야 할 '사람'이 소외되고 만다. 뛰어난 기술자는 기술 그 자체가 아니라 그 너머에 존재하는 인간 혹은 세상의 모습을 파악한다. 기술에 관한 이야기를 할 때조차 반드시 단순한 기술로 끝나지 않는 관점이 슬며시 고개를 내민다. 음악가이든 의사이든 프로그래머이든 경영자이든 마찬가지다.

야나기 씨가 아트센터칼리지오브디자인에서 느낀 불편은 디자인이 '사람을 행복하게 한다'라는 본래의 목적에서 벗어나 디자인을 위한 디자인이라는 악순환에 빠진, 자각 없는 행위에서 기인했다고 생각한다. 디자인에 한하지 않고 경제를 위한 경제·의료를 위한 의료·소비를 위한 소비 등 목적과 수단의 균형을 잃지 않는 유일한 방법은 우리 한 명 한 명이 자기 일의 목적은 애초에 무엇이었는지를 매일 자문하는 것이다.

4

아이디오의 보일을 만나러
팔로알토에 가다

"되도록 많은 실패를
쌓아 나가고자
애씁니다."

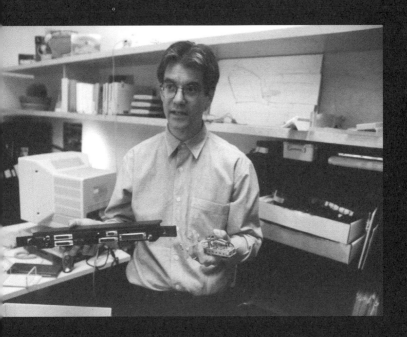

데니스 보일(Dennis Boyle)
아이디오(IDEO)의 시니어 엔지니어. 건축가인 아버지
밑에서 고등학생 무렵부터 엔지니어를 꿈꿨다. 1978년부터
스탠퍼드대학교에서 제품 디자인을 가르치는 등
아이디오의 교육 활동에서도 중요한 역할을 담당하고 있다.
http://www.ideo.com/

아이디오는 전 세계에 8곳의 거점을 둔 디자인 기업으로, 미국 서해안의 팔로알토가 본거지다. 취재 당시 이미 공업 디자인을 중심으로 엔지니어링과 디자인을 융합한 뛰어난 성과를 올리는 중이었다. 지금은 인터랙션 디자인이나 환경 디자인까지 좀더 복잡한 혁신에 몰두하고 있다. 그런 아이디오에 데니스 보일 씨를 만나러 갔다. 그는 애플 컴퓨터의 명기 '파워북 듀오'PowerBook Duo(1992년)의 디자인과 엔지니어링을 담당했다.

듀오를 실제로 사용해 본 사람은 그렇게 많지 않겠지만, 한 번이라도 실제로 본 적이 있다면 강렬한 인상을 받을 것이다. 노트북 컴퓨터 최초의 도킹 시스템. 데스크톱 기종의 확장성과 노트북 컴퓨터로서의 휴대성. 비디오테이프처럼 노트북 본체를 독에 끼워 넣는 프런트로딩 메커니즘. 지금은 찾아보기 어려워진 작은 트랙볼의 편리함과 그 디자인 등 모든 것이 사랑스러운 데다가 고도의 기능성을 겸비했다.

제품 디자인 프로세스는 기술적인 면을 관장하는

엔지니어링과 조형적인 면을 관장하는 디자인이라는 두 가지 기능의 협동 작업을 통해 진행된다. 본래 이 두 가지는 분리할 수 있는 작업이 아니다. 그럼에도 기업의 제조 현장에서는 불가분한 이 영역에 확실한 분리선을 그을 때가 많다.

디자인해야 하는 것은 물건 그 자체가 아니라 그것을 통해 얻을 수 있는 경험이다. 오랜 시간 인기를 끄는 카메라 중에는 셔터를 누르는 감촉이 좋은 것이 많다. IBM(현 레노버) 노트북의 키보드 터치감은 사용자 사이에서 자주 거론되는 유명한 사례다. 색이나 형태는 제품의 매력 중 일부에 지나지 않는다. 애초에 디자인이란 커피잔 그 자체가 아니라 커피를 끓여서 마시는 행복을, 자동차 그 자체가 아니라 드라이빙의 기쁨을 대상으로 하는 일이다. 경험을 디자인하는 것이다. 오감의 풍요로움은 인생의 풍요로움이기도 하다.

경험을 디자인하고자 할 때, 엔지니어링과 디자인이라는 두 가지 직능은 분리하기 어렵다. 파워북 듀오 시스템은 그 둘이 융합된 좋은 예다. 개발을 담당한 보일 씨에게 제작 프로세스를 듣고 싶었다.

— 듀오 개발은 어떤 식으로 진행된 건가요?

보일 그 작업은 애플에는 물론 저에게도 큰 도전이었어요.
어느 날 그들이 찾아와서, "우리는 매우 작은 컴퓨터를
만들고 있어요. 그 세부적인 만듦새를 도와주실 순
없나요?"라고 상담을 하는 거예요. 듀오의 디자인에는
최종적으로 40만 달러가 투입되었습니다. 모델 제작비는
그중 약 20퍼센트였습니다. 뼈대가 되는 시스템은 초기
몇 주 사이에 완성되었지만, 세부적인 엔지니어링 재료를
선정하는 데 약 10개월이 소요되었죠.

과제는 차례로 나타났어요. 처음에 마주한 큰 문제는 어떤
식으로 도킹시킬 것인가, 라는 조인트부의 개발이었습니다.
종합 건재상에 가서 온갖 종류의 연결용 쇠붙이를 입수해서
접합되는 느낌을 시험해 봤죠. 반 입체 모델을 몇 개나
만들어 보면서 조작감이나 상태를 검증했습니다.

조인트를 위해서는 어느 정도 힘이 필요합니다. 그것을 레버
같은 보조적인 시스템이 아니라 데스크톱 머신 내부의
기구에서 실현해야 하죠. 비디오 데크처럼 정면에서
로딩되는 기구가 이상적이지만, 비디오테이프와는
그야말로 무게가 다르고 접합 시의 마찰계수도 다릅니다.
작은 모터 하나로 이 기능을 실현하느라 기어비를 비롯해
다양한 검증이 필요했습니다.

솔직히 말해 처음에는 불가능해 보였고, 조금 무리 아닐까
　　생각했어요. 하지만 결과적으로는 도킹 시스템을 포함해
　　발열 문제 등 다양한 벽을 뛰어넘을 수 있었죠.
결국 과제를 해결해 나가는 유일한 방법은 몇 번이고 실패를
　　거듭하는 것밖에 없습니다. 그것 말고 다른 방법은 없어요.
　　디자인 스킬 중 대부분은 그 일을 진행하는 방식에 있다고
　　믿습니다. 프레젠테이션이 뛰어나다는 점만으로는
　　부족해요.

— 실패를 거듭하는 것은 아이디오의 디자인 작업에
　　서 빼놓을 수 없다는 말이네요.

보일 맞습니다. 중요한 건 '진짜 문제'를 발견하는 능력이에요.
　　표면적으로 눈에 띄는 문제점은 더 근본적인 문제가
　　불러일으키는 현상 중 하나에 불과한 경우가 많죠. 그럼
　　문제에 깊게 파고드는 방법은 뭘까요? 책상 앞에 앉아
　　머리를 짜내며 문제를 예측만 해서는 소용없어요. 빠른
　　단계에서 가능한 한 구체적으로 테스트해 보며 시행착오를
　　거듭하는 것. 그것이 핵심입니다.
이 스튜디오에서는 엔지니어와 디자이너가 약 절반 정도의
　　비율로 일해요. 각자의 책상이나 미팅룸이 있는 구역이
　　건물 절반을 차지하고, 나머지 절반은 공방으로 구성되어

있죠. 프로토타입이나 실물 모형을 만들기 위한 작업장입니다. 저희가 물건을 만드는 방식은 프로토타이핑 문화라고 말해도 좋겠네요.

예를 들어 디자이너·마케터·기획자 등 다양한 직종이 모여서 상품 개발 미팅을 합니다. 저희는 가능한 한 서로 다른 직능의 인재를 뒤섞어서 미팅을 하거든요. 30분 정도 지나서 만약 토론이 교착 상태에 빠져 미팅이 정체되면 저희는 그 자리에서 일단 휴식에 들어가요. 그리고 그사이에 디자이너가 공방의 기자재를 이용해 간단한 입체 모형을 만들어 보죠. CAD 데이터를 통해 깎아 낸 극히 간단한 수지 모형이지만, 구체적인 물건을 손에 들고 미팅을 재개하면 탁상공론이 아니라 더 구체적이고 긍정적인 아이디어가 나오게 됩니다.

저희는 작은 실패를 최대한 많이, 구체적으로 쌓아 나가는 일에 주력합니다. 그럼으로써 한정된 상품 개발 기간 내에 디자인의 완성도를 높일 수 있죠. 애초에 이것 말고 도대체 어떤 방법이 있을 수 있을까요?

세계에서 으뜸가는 아이디오의 직원조차 자신의 설계에 불안을 느낄 때가 많다고 한다. 하지만 이른 시점에 시작품을 만들어 검증하는 것(래피드 프로토타이핑)으로 불안을 극복하고 있다.

아이디오를 설립한 데이비드 캘리David Kelly는 "머릿속으로 상상하는 것을 실제로 만들어 보면 더욱 나아간 발상을 할 수 있다. 개발 과정에서 가능한 한 이른 시점에 시작품을 만들고 문제점을 발견하는 것이 중요하다. 커다란 문제는 주로 나중에 발견되지만, 개발의 최종 단계에서는 시작품을 만들기 어렵다"라고 말한다.

보일 씨는 나아가 "프로토타입을 만들더라도 그것을 제대로 테스트해야 합니다. 어떻게 문제가 제대로 풀렸는지, 또는 제대로 풀리지 않았는지를 판단하지 못하면 말짱 도루묵이죠"라고 말했다.

시행착오라는 유일한 방법

헨리 페트로스키Henry Petroski가 쓴 『포크는 왜 네 갈퀴를 달게 되었나』는 거듭된 실패를 바탕으로 한 도구의 진화사를 그린 명저다. 처음에는 식용으로 구운 고기를 두 개의 날로 자르던 인류가 날 끝을 두 갈래로 분리한 포크의 원형을 만들고, 나아가 그것을 발전시켜 온 역사가 극명하게 파헤쳐져 있다. 지금 우리가 당연한 듯 사용하는 책상·망치·단추·주머니·컵과 같은 디자인은 인류가 긴 시간을 들여 쌓아 온 시행착오에 의한 지혜의 결실이다.

새로운 세상을 만들어 내는 새로운 일에는 새로운 방법이 쓰인다. 그 최초의 모습은 '실패'다. 도쿄대학교 공학부의 하타무라 요타로畑村洋太郎 교수는 저서 『실패를 감추는 사람, 실패를 살리는 사람』에서 다음과 같이 말한다.

"다른 사람의 성공 사례를 흉내 내는 것이 성공으로 가는 지름길인 시대가 있었다. 그런 시대에는 정해진 문제에 정확한 답을 내는 학습법이 사실 효과적이었다. 하지만 지금 시대에는 다른 사람의 성공 사례를 흉내 낸다고 해서 반드시 자신의 성공이 담보되지 않는다. 어제까지의 성공이 오늘의 성공을 의미하지 않게 된 것이다. 이런 시대에 중요한 것은 역시 창조력이다. 그리고 창조력이란 새로운 것을 만들어 내는 힘을 의미하는 이상, 실패를 피하며 성장할 수는 없다."

이른 단계에서의 실패는 완성도를 높이는 단계 중하나이자 자산이 된다. 우리는 그 경험을 발판 삼아 다음 단계로 오를 수 있다. 실패를 통해 배움으로써 사람의 인식은 깊어지며 물건은 진화한다. 실패는 아직 보이지 않는 가능성을 여는 문이다. 하지만 프로젝트 최종 단계에서의 실패는 그저 되돌릴 수 없는 사고에 불과하다.

이탈리아의 경제학자 빌프레도 파레토Vilfredo Pareto가 제창한 이론 중에 '20:80의 법칙'이 있다. 파레토의 법칙이라고도 불리는 그의 대표적인 이론이다*. '20:80의 법칙'은 사회의 온갖 활동과 현상에서 중요한 것 20퍼센트 안에 80퍼센트의 성과가 포함되어 있다는 사실을 지적했다. 예를 들어 새로운 업무에 10권의 과제 도서가 있는 경우, 중요한 2권을 읽음으로써 80퍼센트의 성과를 달성할 수 있다. 10명이 참가한 회의에서는 2명이 약 80퍼센트의 발언을 한다. 많은 기업에서는 20퍼센트의 우수한 영업 사원이 수익의 80퍼센트를 벌어들인다 등등. 내 경험칙에 대조해 보면 결코 비약적인 숫자로 여겨지지는 않으며, 오히려 타당하게 느껴진다.

이것을 일을 진행하는 프로세스로 바꿔 보면 어떨까. 20:80의 법칙을 시간과 완성도의 두 축을 가진 그래픽으로 바꿔 보자. 가로축이 시간을, 세로축이 완성도를

---

* 파레토가 이 법칙을 발견한 것은 1987년이다. 유럽 국가의 통계를 분석한 결과, 사회의 부 중 80퍼센트가 20퍼센트의 사람들에게 집중되어 있다는 소득 분배의 불평등을 나타내는 경험칙을 얻었다.

나타낸다. 출발 지점은 왼쪽 아래다.

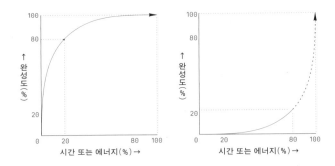

　최초 20퍼센트의 시간에 80퍼센트의 완성도에 도달하지만, 그 후 약간의 완성도를 높이려면 긴 시간을 요하는 단계로 접어든다. 처음으로 스키를 타러 갔을 때를 떠올려 보자. 최초 한두 번은 스키 실력이 눈에 띄게 높아진다. 하지만 수차례 경험한 무렵부터는 벽이 느껴지며, 그 후에는 조금 더 능숙해지려면 꽤 많은 시간과 노력을 들여야 한다. 이전에 제록스의 연구자와 대화를 나누던 때, 가로축은 시간이 아니라 투입되는 에너지량 쪽이 적절한 것 아닌가 하는 의견을 받은 적이 있다. 그럴지도 모른다.

　아이디어나 콘셉트를 품은 채 직전까지 구체화하

려고 하지 않은 프로젝트에 대해서는 반대 방향의 호를 떠올리면 좋으리라(앞 페이지의 오른쪽 그림). 다만 최후의 20퍼센트로 80퍼센트의 격차를 따라잡으려면 실패가 허용되지 않으며 풍부한 경험을 가진 프로의 기술이 필요하다. 거기에 시행착오의 유예는 남아 있지 않다. 다른 말로 바꿔 말하면 실패가 허용되지 않는 이 포물선을 따를 때, 일하는 이는 저절로 자신이 자신 있는 기술을 쓰거나 익숙하고 틀리지 않는 길을 더듬을 수밖에 없다.

하지만 아이디오가 의뢰받는 디자인 작업은 이미 세상에 존재하는 물건을 단순히 변형하거나 재탕하는 것은 드물다. 클라이언트는 그들에게 언제나 혁신을 기대한다. 이와 같은 새로운 일에 종래의 경험칙은 있는 그대로의 형태로는 도움이 되지 않는다. 오히려 선입견은 마이너스로 작용하며 새롭게 태어나는 물건의 매력을 죽이기도 한다.

아이디오의 방법론은 자신들의 작업 프로세스를 가능한 한 앞서 소개한 왼쪽 그래프의 포물선에 가깝게 하는 것이다. 시행착오에 의해 열리는 가능성을 중시한다. 실패라는 기회를 배제하지 않고 오히려 의식적으로 불러들여 그것을 발판으로 삼아 활용하는 작업 방식을 따른다. 이러한 업무 스타일이 디자인이나 엔지니어링 분야에만 요구되지는 않을 것이다.

5

파타고니아를 만나러
벤추라에 가다

"서로를 믿는 것이
파타고니아만의
특징일지
모르겠네요."

루 세트니카(Lu Setnicka)
파타고니아(Patagonia) 홍보실 이사
http://www.patagonia.com/

아웃도어 회사인 파타고니아는 미국의 여피 세대가 자신들에게 어울리는 브랜드라며 인정하고 애용한 덕에 현재 커다란 브랜드로 성장했다. 미국 서해안의 카운터컬처와도 통하는 자유주의와 품질 추구로 인해 결코 저렴하지 않은 상품 가격으로도 유명하다. 여피 세대는 파타고니아 창업자인 이본 쉬나드Yvon Chouinard의 삶의 방식을 동경했고 거기에 자신을 투영했다.

파타고니아의 본거지는 로스앤젤레스에서 서해안을 따라 북쪽으로 80킬로 정도 가면 있는 벤추라라는 마을이다. 마을 변두리의 곶에는 좋은 파도가 이는 서핑 포인트가 있고, 자동차로 몇 분이면 갈 수 있다. 사무실 접수대 옆에 걸린 작은 칠판에는 그날의 파도 높이가 적혀 있고, 뒷마당에는 아직 바닷물에 젖어 있는 웨트슈트가 몇 개나 걸려 있었다.

아래는 파타고니아를 방문해 홍보팀의 루 세트니카 씨를 인터뷰한 내용이다.

— 다른 아웃도어 메이커와 차별화되는 파타고니아만
의 특징은 무엇인가요?

세트니카 저희가 중요하게 생각하는 것은 우선 기능성이에요.
사람이 아웃도어에서 쾌적하고 편하게 지낼 수 있는
것, 아웃도어를 계속해서 좋아할 수 있게 될 만한 것을
디자인하려고 하죠. 철저하게 테스트해서 품질을 높이는
것이 중요하다고 생각해요. 저희는 시장의 판매 수치에
응해 디자인하지 않아요. 언제나 그것을 사용하는 사람이
실제로 무엇을 바라는지에 관심을 두죠.
(아웃도어 활동에 유용한 것을 중요하게 여기는 지향성은
파타고니아의 기본 콘셉트일지도 모른다. 무엇보다
창업자인 쉬나드 자신이 클라이머이자 서퍼로서 1년의
절반을 아웃도어에서 시간을 보내면서 비즈니스를
구상하고 키웠다. 그것이 파타고니아가 현재의 성공에
이르기까지 자신감의 바탕이었다.)

— 고객의 요구 사항은 마케팅팀이 수집하나요?

세트니카 그렇기도 하지만, 파타고니아에는 전 세계의 만 명에
가까운 충성 고객이 무척이나 자유롭게 피드백을
줍니다. 스키장 안전요원 같은 분에게도 제품을 저렴한

가격에 제공해서 '일하는 과정에서 제품이 실제로 어떻게
기능했는지'에 관한 데이터를 받고 있어요. 그리고
전 세계에 있는 700명의 파타고니아 직원은 언제나
아웃도어에서 저희 제품을 사용합니다. 따라서 자사 제품의
품질과 편리성에 대해 극히 자연스럽게 관심을 가질 수 있는
구조가 갖춰져 있어요. 직원의 피드백은 무척 중요하거든요.
다양한 방법을 통해 제품이 실제 아웃도어에서 어떻게
기능하는지를 알고자 노력합니다.

— 어떤 직원이 일하는지가 파타고니아 제품의 에센
스가 된다는 거군요.

세트니카 네, 맞아요. 극히 자연스러운 흐름이지만, 이곳에서
일하는 사람들은 아웃도어를 좋아해요. 그리고 회사에
무언가를 기대하죠. 파타고니아에서 일하고 싶어 하는
사람이 많은데, 이 회사가 하고자 하는 것을 모두가 믿기
때문이에요.
업무 스타일의 특징도 생각해 볼까요. 예를 들어 이곳에서
일하는 사람에게는 대부분 그 업무에 관한 경험 유무를 묻지
않아요. 각각의 관심에 따라 다른 부서로 옮겨 가 일하는
경우도 많죠. 저는 샘플 제작이나 재봉 작업에 관해 상세한
내용이나 어려움은 알지 못해요. 하지만 그 업무로 바꿔

달라고 할 수 있죠. 해당 부서의 상사가 수락만 해 주면
이동을 막을 방법은 기본적으로 없거든요.

이 같은 기회가 주어지는 것이 직원의 성장에 좋다고 생각하지
않으세요? 사내에서 다른 업무 경험을 해봄으로써
파타고니아가 다루는 비즈니스의 전체상도 파악할 수 있죠.
우리 회사가 무엇을 위해 어떤 비즈니스를 하는지도 보다
깊게 이해할 수 있을 테고요.

— 이상적인 제도네요. 이직이 잦은 미국의 노동시장
에서도 사원의 정착률이 꽤 높을 것 같은데요?

세트니카 그건 사람에 따라 달라요. 그래도 매장이나 지점
근무를 희망해서 세계 각지에서의 삶을 즐기며 돌아다니는
사람도 많아요. 사내 자유도가 꽤 높거든요. 예를 들어
파타고니아에는 인턴십 프로그램이라는 제도가 있는데,
직원들에게 파타고니아 일을 2개월 정도 일시적으로
멈추고 비영리조직을 위해 일하는 것을 권장합니다.

(인턴십 프로그램: 월급과 직위는 그대로 유지한 채 풀타임
혹은 파트타임으로 다른 조직에서 일할 수 있는 제도.
대상이 되는 비영리조직은 환경보호단체 등 파타고니아
총매출 1퍼센트에 해당하는 금전적 보조를 받는 전 세계의
약 500개 그룹이다. 사내용 팸플릿에는 '재능과 에너지를

당신이 믿는 일에 사용하라'고 적혀 있고, 이 프로그램이
개인의 성장과 경험의 축적에 대한 투자라는 점을 강조하고
있었다.)
이런 경험은 그들이 파타고니아로 돌아온 후에도 좋은 방향으로
작용할 테죠.

— 믿기 어렵네요! 개인에 대한 엄청나게 큰 투자네요.

세트니카 그런 사람의 존재나 내면에 축적된 경험 모두 회사의
훌륭한 자원이 될 것 같지 않나요? 그리고 저희는 사람을
고용하지만, 그 사람의 인생까지 고용한 것은 아니니까요.
직원 스스로가 아웃도어에 나가는 시간도 중요합니다.
여기에서는 자기 일에 적을 남겨 둔 채로 4개월 정도
일을 쉬는 것도 가능해요. 아웃도어에 열중하는 시간은
저희가 하는 일과 관련해 온갖 의미에서 중요하니까요.
무척이나 진지하게 카약을 즐기는 직원들이 있는데, 그들은
북태평양으로 2개월간 카약을 타러 갔다 왔어요. 그사이에
그들의 일은 중지 상태였죠. 여행에서 돌아오자 사내에서
보고회가 열렸어요. 그건 저희에게도 훌륭한 체험이죠.
아웃도어에서 보내는 시간과 일에 집중하는 시간의
균형이 중요해요. 둘 다 결과적으로는 파타고니아에
피드백되거든요. 사원 대부분은 1년 중 10개월을 일에,

나머지 2개월을 각각 아웃도어 라이프에 쓰고 있어요.

— 파타고니아에서 어떻게 상품을 만드는지, 그 배경
을 조금 이해하게 됐어요. 사무실에도 그런 면이 드
러난다고 생각하시나요?

세트니카 사무실은 특정한 목적 외에는 사방이 막힌 공간이
없는 것이 특이한 점 아닐까 싶어요. 파티션도 꽤 낮죠.
그렇기에 사무실에는 언제나 다양한 커뮤니케이션과
대화가 존재해요. 때로는 그것에 신경을 빼앗기지 않는
훈련이 필요할 정도죠(웃음). CEO인 이본(2008년 기준,
이본 쉬나드는 회장 겸 오너이다)조차 자기 사무실이
따로 없어요. 저희 직원 사이에서 다른 사람과 비슷하게
덩그러니 의자를 놓고 앉아 있죠. 그래서 모르는 사람들은
그가 CEO인지 깨닫지 못합니다(웃음). 거기에 이본이
있으면, 저는 제 자리에 앉은 채로 그에게 말을 걸 수 있을
정도예요.
파타고니아에는 아이 돌봄 정책을 비롯해 하우스 셰어링이나
재택근무 등 유연근무에 관한 다양한 제도도 준비되어
있어요. 뭐라고 할까, 다양한 의미에서 서로를 믿는 점이
파타고니아만의 특징이라고 할 수 있을지도요.
(취재 중에 어머니의 일이 끝나기를 기다리는 아이의 모습을

몇 번이고 보았다. 아이들은 부모의 자리에서 그림을
그리거나 사무실 안을 서성거리거나 했다. 벤추라 본사에는
육아 시설이 설치되어 있고, 생후 8주부터 10세까지,
나이별로 대략 6개 반이 있다. 이 시설에 아이를 맡기고
싶어서 구직하는 사람도 있을 정도로 파타고니아의 키즈
프로그램은 알차다고 한다.)

드래프트의 미야타 사토루를 만나러 도쿄 에비스에 가다

"최대한 '그 사람'이 드러나는 상황을 만듭니다."

미야타 사토루(宮田識)
1948년생, 일본 디자인 센터를 거쳐 1978년
미야타디자인사무소(현 드래프트)를 설립했으며
1995년 'D-BROS'를 출시하며 제품 디자인
세계에 들어왔다. 대표작으로 일본광업·요코하마
고무PRGR·모스버거·라코스테·기린이치반시보리·
기린단레이·브라이틀링·운나나쿨·기린베버리지
'세계의 부엌에서' 등이 있고, 주요 수상 이력으로는 아사히
광고상·준 아사히 광고상·도쿄 ADC 최고상·굿디자인상
심사위원 특별상·일본 선전상·야마나상 등 다수가 있다.
https://www.draft.jp/
사진: OZAWA Yoshihito

많은 디자이너는 사용하는 도구의 질에 민감하다. 하지만 일의 도구는 컴퓨터나 문구뿐만이 아니다. 예를 들어 사무실 공간이나 업무상의 사소한 커뮤니케이션 습관 등도 일의 도구라고 할 수 있다. 환경이라고 말하는 편이 더 포괄적일지 모르는 이런 것들은 업무의 질에 크게 영향을 끼친다.

드래프트를 이끄는 미야타 사토루 씨는 일본을 대표하는 아트 디렉터 중 한 명임과 동시에 디자인을 만드는 '현장' 디자인에 뛰어난 독창적인 매니저다. 직원의 힘을 120퍼센트 끌어내는 것이 드래프트에서 그가 맡은 중대한 업무다.

"저는 어시스턴트는 모집하지 않아요. 디자이너를 고용하니까 그들에게는 디자인을 시켜야만 합니다. 그 사람이 빛나는 일을 말이죠. 다들 각각 꿈과 희망이 있고, 가능하면 1에서 10까지 도맡아 하고 싶어 하는 사람들입니다. 젊었을 때 저도 그랬죠. 그런 사람을 맞이하는 이상, 좋은 일을 맡겨야 할 책임이 있고 디자이너로서 제 역할도 바뀌 나가야만 하죠."

드래프트는 의뢰받은 디자인 업무의 범주를 넘어서 클라이언트와 철저하게 의견과 아이디어를 교환하는 업무 방식으로도 유명하다.

"미팅에서 저는 일종의 허풍을 부립니다. 그 허풍을 실현해야 하는데 저 혼자서는 불가능하죠. 그렇기에 직원 한 명 한 명에게서 최대한 좋은 능력을 끌어내야만 해요. 그 사람이 가진 것·약간 빛나는 부분을 발견해서 딱 알맞은 일을 맡기면 그 사람은 반드시 성장합니다. 일을 맡기는 것이 중요해요. 그렇게 하면 얼마든지 아무렇지도 않은 표정으로 자신이 맡은 일을 하고, 시간을 쓰는 법이나 타인과 협력하는 법에 대한 감각도 이제 제 손을 떠나 스스로 키워 나가죠."

광고 디자인 업무는 그 작업량과 복잡함만 고려해도 직원 한 명 한 명이 능력을 최대한 발휘하며 움직이지 않으면 굴러가지 않는다. 각자에게 끌어내야 하는 것·끌어내야 하는 능력은 어떤 식으로 찾아내면 좋을까.

"갑자기 알게 됩니다. 약간의 행위를 통해서 말이죠. 다들 무언가를 숨기며 살아가지만, 그것이 확 드러

나는 순간이 있지 않나요? 그러니 가끔 함께해서는 부족합니다. 항상 옆에서 접하지 않으면 깨달을 수 없죠. 책상 위를 노려본다고 알 수 있는 것은 아니고, 좋은 말로 구슬린다고 해서 본심을 털어 놓지도 않습니다. 그것은 디자인으로 드러날 때도 있고, 주고받는 말이나 일을 정리하는 방식에서 드러나기도 하죠. 그래서 최대한 '그 사람'이 드러날 만한 상황을 만드는 거예요. 예를 들어 화를 낼 때 상대가 어떤 태도를 보이는지 확인하는 식으로요. 이것은 반쯤은 제 잔꾀지만, 최근에는 그런 수법을 쓴다는 사실을 들켜 버려서 그다지 효과적이지 못해요. 다른 방법을 찾아야 합니다(웃음). 뭐가 어찌 됐든 그 사람이 가진 능력을 깨닫지 못하고 활용하지 못하면 그건 제 실패입니다."

사람이 성장하는 시스템

항상 디자이너 옆에 있으면서 자기가 하고 싶은 말을 하고 디자이너의 속내도 끌어낸다. 이런 미야타 씨의 스타일은 드래프트의 직원이 20명 정도일 무렵에는 철저하게 시행할 수 있었다. 하지만 40명으로 늘어나자 도저히 무리라고 했다. 거기에는 또 다른 '시스템'이 필요하다.

"예를 들어 클라이언트와 담당자 모두가 1년에 한두 번 합숙을 합니다. '내년은 어떻게 하자' 같은 미래의 이야기를 나누죠. 그런 기회가 있으면 어떤 직원이든 자유롭게 의견을 말할 수 있고, 약자의 지위에 있는 직원도 말하지 않을 수 없죠. 그러면 또 그 자리에서 곧장 클라이언트나 카메라맨이 의견을 내니까 좌절하기도 하고 때로는 자신감을 얻기도 하죠. 그러는 과정에서 각자 알아서 성장합니다.

상을 받았을 때는 가능한 한 축하 파티를 열어요. 오후 5시 무렵부터 모두 사무실을 나서서 다들 함께 즐깁니다. 거기에는 카피라이터도 참석하고 드래프트의 전직 직원도 찾아옵니다. 떠들썩하게 이야기하다가 선배에게 혼이 나기도 하죠. 그리고 꽤 오래 이어 온 건데, 연말에는 200명 규모의 파티를 엽니다. 저희 직원이 호스트 역을 맡죠. 다들 좋은 옷을 빼입고 열심히 손님을 모십니다. 이런 것을 드래프트는 공식 행사로 개최해요. 제가 직접 가르치지 않아도 이러한 과정에서 다들 성장할 수 있죠. 그런 경험의 장을 만드는 것이 중요합니다."

사무실 공간에도 또 다른 '시스템'이 있다. "건물의 구조가 'ㄱ'자 형태이기에 다른 층이나 방의 모습을 항상 대강은 볼 수 있어요. 일부러 그런 부동산을 찾았어요. 구역도 나누지 않고 최대한 오픈해 둡니다. 각각의 공간이 닫혀 있으면 서로가 보이지 않아서 다른 사람의 일을 들여다보지도 못하고 서로 대화할 수도 없는 관계가 되거든. '이것 좀 알려 줘', '어느 쪽이 좋아 보여?' 같은 말을 나눌 수 있는 관계를 서로 유지하려면 역시 공간 구조도 중요합니다."

'퍼실리테이션'이라는 매니저의 업무

미야타 씨의 직함은 아트 디렉터다. 하지만 그의 움직임을 살펴보면 퍼실리테이터로서의 색채가 강하게 느껴진다. 퍼실리테이터란 'Facilitate'(용이하게 하다, 촉진하다)라는 단어의 뜻처럼 상명하달식의 리더십이나 지시와는 다른, 지원자 같은 존재를 가리킨다. 스포츠

선수를 대상으로 한 코칭은 그 알기 쉬운 예일 것이다.

앞서 인터뷰한 파타고니아건 미야타 씨의 드래프트건 규모의 차이는 있지만, 공통적으로 자사가 품은 직원이라는 자원에 힘을 쏟고 그것을 키우고자 애쓴다. 강력한 리더가 존재하고 그 지시에 따라 일하는 중앙집권형의 팀보다 목적을 공유한 자율분산형의 팀 쪽이 유연성이 높고 변화에 대한 대응력도 강하다. 축구나 재즈 세션과 마찬가지다.

퍼실리테이터라는 직능은 기존에는 주로 워크숍 분야에서 성장했다. 워크숍이란 가르치고 배운다는 주종관계하에서 시행되는 종래의 교육과는 달리, 참가자 한 명 한 명의 주체성을 축으로 삼아 미리 정해 놓은 답이 없는 과제를 체험적으로 다루며 배우는 장을 말한다.

하지만 그저 주체적인 사람들만 모이면 이런 배움의 장이 자연스럽게 제대로 운영될까? 절대 그렇지 않다. 명시적이든 묵시적이든 지도나 관리가 아니라 적절하게 퍼실리테이팅하는 존재가 필요하다. 좋은 미팅이나 제조 현장에는 반드시 이 역할을 담당하는 사람이 있거나, 모인 사람 중 몇 명인가가 서로 그 역할을 나눠 맡는 경우가 많다. 퍼실리테이터는 기존의 리더나 디렉터를 대신하여 앞으로의 프로젝트 매니저가 가야 할 방식을 제시하는 듯하다.

지금은 긴 시간에 걸쳐 사회가 새로운 과제를 찾는 시기다. 물건을 가지는 것, 혹은 돈을 가지는 것만이 풍요로운 것은 아니라는 사실을 알게 되었다. 그렇다면 다음으로 목표 삼아야 할 풍요로움은 어디에 있을까.

일본에서는 종래 서구 사회를 따라잡는 형태로 물건을 제조한 결과, 어느 시점부터 품질면에서 그들을 넘어섰지만, 나아가 지금은 아시아 타국에 쫓기고 있다. 무엇을 만들면 좋을지 명확했던 시대에는 제대로 기능하던 일본형의 고품질 생산 시스템이 지금은 어떤 의미에서는 마이너스의 자원으로 변하고 있다. 그 힘으로 무엇을 만들면 좋을지 모르기 때문이다.

결과적으로 시장에는 과거의 재탕 혹은 아무도 바라지 않는 신기능을 추가한 신상품이 연이어 출시되며 명백하게 포화 상태를 보이는 중이다. 카피라이터 이토이 시게사토糸井重里 씨는 1980년대 말 세이부 백화점에 '원하는 것을 원해'라는 캐치프레이즈를 제안했다. 단순히 물건을 원하는 시대가 있었고, 이어 품질 좋은 물건을 원하는 시대가 뒤따랐으며, 이제는 타인과는 다른 물건을 요구하는 시대가 되었다. 경제 성장과 함께 변화한 사람들의 소유욕은 포화되고, 선문답 같은 캐치프레이즈가 백화점에 내걸린 지 오래다.

일본의 잉여 생산력은 50조 엔 규모에 이른다고 한다. 만들어야 할 물건이 명확한 시대에는 뛰어난 리더십과 근면한 노동자가 있으면 충분했다. 하지만 그렇지 않은 시대로 들어섰기에 다음 시대를 찾아내고 그 시대가 요구하는 새로운 물건을 만들어 낼 새로운 인재와 방법이 필요하다.

'스스로 생각하라'를 가르치다

CF나 히트곡·게임·영화, 그 밖의 다양한 프로젝트의 기획자 겸 디렉터이자 장르를 넘어선 결과물을 계속해서 만들어 내는 사토 마사히코佐藤雅彦 씨는 게이오기주쿠대학교 환경정보학부의 교수이기도 하다*. 기존의 일도 하면서 일주일에 이틀은 쇼난후지사와 캠퍼스를 방문해 교육에도 힘을 쏟고 있다.

"'생각하는 방법을 생각한다'를 가르칩니다. 법학

---

* 2008년 기준, 사토 마사히코 씨는 도쿄예술대학교 대학원 교수이다.

이나 경제학처럼 어느 정도 완성된 학문이라면 뛰어난 교과서를 읽으면 됩니다. 하지만 SFC(게이오기주쿠대학교 쇼난후지사와 캠퍼스)처럼 새로운 변화가 큰 학문을 가르치는 장에서는 '스스로 생각하는 방법'을 가르칠 수밖에 없습니다. 저는 덴쓰**나 광고학과에서도 줄곧 '만드는 방법을 만든다'라는 강의를 했습니다. 그런 부분이 꽤 닮았죠. 눈앞에 무엇이 닥치더라도 대응할 수 있는 근원적인 사고방식을 가지자는 의미입니다."

강의에서 사토 씨는 계단식 강의실을 가득 채운 500명의 학생에게 "무엇을 대단하다고 생각하고 무엇을 아름답다고 생각하는지, 그런 것은 누군가에게 가르칠 수 있는 것이 아닙니다. 저는 지금 그 이후에 어떻게 해야 힐지를 가르치고 있습니다"라고 말했다. 한 명 한 명이 개인적인 감동을 자신의 작업으로 이어가기 위한 방법론이다. '미리 준비된 답은 없다'라는 사실을 학생들에게 확실히 전한다는 점이 훌륭했다.

나도 몇몇 학교에서 강의하지만, 학생들과 대화하다 보면 "좋아하는 일을 해서 밥을 먹고 살 수 있나요?", "사람들이 이걸 필요하다고 생각할까요?"라는 식으로 사회적 가치를 둘러싼 약속을 미리 얻어 두고 싶은 듯한, 불안에 가득 찬 학생들의 질문을 받을 때가 있다. 하지만 확실히 말해 두자면 미리 의미나 가치를 약속받은 일 같은 건 어디에도 없다.

건축가가 되면 전부인 것도 의사가 되면 전부인 것도 아니다. 같은 직함이더라도 의미 있는 일을 하는 사람이 있는가 하면 그야말로 의미를 느낄 수 없는 일을 하는 사람도 있다. "이걸 하면 문제없을 거야!"라는 담보를 요구하는 심성은 나이와 관계없이 분포되어 있는 듯한데, 이런 사람들을 만나면 정말로 할 말을 잃게 된다.

이탈리아의 모던 디자인을 대표하는 디자이너 중 한 명인 브루노 무나리Bruno Munari는 밀라노를 거점으로 하는 다네제Danese라는 브랜드와 함께 다양한 제품을 만들었다. 브루노 무나리가 다네제에서 협업한 분야 중 하나로 '어린이를 위한 제품'이 있었다. 일본에서는 교육용 장난감이라 불리는 이런 제품에서 그가 중요하게 여긴 것은 '놀이 규칙이 없는 것을 만든다'였다. 놀이 방법이 미리 정해진 장난감이 아니라 그것을 손에 든 어린이가 '스스로 놀이 방법을 찾는 장난감'을 만드는 것을 그는 무엇보다 소중히 여겼다.

일본의 산수 교육에서는 '4+6=□'라는 형태로 문

제를 낸다. 하지만 해외 어느 학교에서는, '□+□=10' 이라는 문제로 덧셈을 배운다는 이야기를 들었다. '□' 안의 조합은 자유로우며 스스로 생각할 수밖에 없다. 그 것은 정수가 아니어도 되고, '+'나 '-'를 비롯하여 그야 말로 한계가 없는 조합을 생각할 수 있다. 이때 학생들 에게서 나오는 질문은 "선생님이라면 어떻게 할 거예 요?"이다. 미리 준비된 답을 가르치는 교육과 그것을 푸 는 힘을 키워 주는 교육의 차이가 여기에도 있다.

사토 씨는 이렇게도 말했다. "세상에서 가장 어려 운 건 '문제 만들기'예요. 만유인력의 법칙에서의 뉴턴 의 사과처럼 훌륭한 문제는 만들어진 순간 그 끝에 답이 있어야 하죠. 그런 문제를 만들기란 정말로 어려워요. 대학생에게 그럴 만한 힘이 있는가 하면 안타깝게도 아 직이에요. 그런데도 '문제 만들기'라는 단계에 들어가려 고 합니다. '그것은 좋은 문제네'·'그것은 아무도 생각 하지 못한 문제야'라고 생각할 만한 것을 그들이 만들어 냈으면 좋겠다는 바람으로요."

라우라 폴리노로

알레시의 디자인 전략을 담당하는
센트로스튜디오알레시의 디렉터.
알레시의 세련된 디자인에
사랑스러움을 축으로 한 디자인
프로젝트 'Family Follows
Fiction'을 더해 성공시켰다.

마음의 빗장을 열다

이탈리아의 메이커 알레시Alessi는 1990년부터 세계 각지에서 디자인 워크숍을 개최하고 있다. 프로젝트의 중심인물은 센트로스튜디오알레시의 디자인 디렉터인 라우라 폴리노로Laura Polinoro다. 그녀는 회사의 상품군 중 젊은 세대의 디자이너와 함께하는 상품 개발을 도맡고 있다.

이 워크숍은 세계 각지의 디자인 교육기관에서 개최되며, 1997년에는 도쿄 도립대인 ICS칼리지오브아트에서 일주일간 개최되었다. 그 워크숍에 30만 엔이라는 비싼 참가비를 내면서 여러 기업과 학교에서 디자이너 13명이 참가했다.

나는 첫날과 마지막 날을 포함해 사흘간 그 현장을 취재했다. 흥미로웠던 것은 알레시의 워크숍 진행 방식이었다. 디자인 기술을 가르치는 것이 주목적이 아니었다. 알레시의 디자인 문화를 사람들에게 전하려는 의도도 있지만, 라우라 폴리노로의 중심 목표는 알레시의 다음 상품 이미지를 찾아내는 일이며, 참가자도 그 점을 파악하고 있었다. 이곳에서 참가자들이 제안하는 디자인은 알레시의 상품 라인업에 더해질 가능성이 있었다. 따라서 가르친다기보다는 한 수 배우고자 하는 일종의 도전적인 분위기도 느껴졌다.

워크숍은 라우라 폴리노로의 슬라이드 수업으로 시작되었다. 알레시가 그동안 만든 상품과 문화적 배경 그리고 그녀가 담당하는 상품 사례를 선보인 후 앞으로 알레시가 추구하는 콘셉트를 추상적인 여러 장의 사진으로 소개했다. 그리고 이날 저녁 무렵부터 곧장 1대 1의 개별 미팅이 시작되었다.

다음 날부터는 각자가 가져온 디자인 스케치를 활용한 아이디어 프레젠테이션과 토론이 이어졌다. 가정용품이라면 어떤 제안이든 상관없었다. 그녀의 대응은 진지했고, 통역자를 사이에 두고 커뮤니케이션하는 모습을 옆에서 보는 것만으로도 뜨거운 열의가 느껴졌다. 사흘 차가 되어도 진행 가능한 플랜으로 합격 판정을 얻은 사람은 아직 없었다. 참가자 다수와 대화하면서 잘도 이런 집중력을 유지하는구나, 하고 감탄했다. 원하는 것·원하지 않는 것에 대한 그녀의 선은 명확해서 어떤 아이디어에도 반드시 확실한 태도를 드러냈다. 그리고 바라는 성과가 나왔을 때는 정말로 기뻐하는 마음이 그

너의 전신에서 넘쳐흘렀다.

마지막 날 프레젠테이션이 끝난 후, 제시된 디자인 중 몇 가지는 알레시의 상품으로 검토하기로 결정되었다. 일주일 정도 후에 참가자를 인터뷰하러 가자, 다들 입을 모아 "폴리노로 씨가 힘을 끌어내 줬어요!"라고 말했다. 다들 힘을 전부 쏟아부은 사람 특유의 만족스러운 표정을 보였다.

그녀는 그들의 에너지를 어떤 식으로 끌어냈을까. 마지막 날 프레젠테이션 직후, 무척이나 고양된 상태인 라우라 폴리노로를 인터뷰했다.

폴리노로 이 워크숍의 목적은 새로운 리서치의 경계선을 개척하고 젊은 재능을 발굴하는 데 있습니다. 그래서 저는 학생이든 기업의 디자이너이든 일절 구별하지 않아요. 어떤 상황이나 배경을 지닌 사람에게든 창조성을 끌어내는 것이 제 방법론의 좋은 점이죠. 저에게는 사람의 재능을 끌어내는 재능이 있다고 자부합니다.

— 알레시에 자신의 작품을 제시하는 사람이 꽤 많을 것 같은데요. 그에 더해 이 워크숍을 개최하는 의도는 뭔가요?

폴리노로 그런 사람은 정말 많아요. 우편물과 전화도 많이 오고요. 그래도 그런 것에는 관심이 없어요. 그들은 자신이 좋다고 생각한 완성된 디자인을 제시하죠. 하지만 저는 그런 것에 끌리지 않아요. 저는 제가 원하는 방향성에 맞춰 젊은 재능을 결집하고 싶어요. 아직 어떤 색에도 물들지 않은 사람들과 일하고 싶거든요.

— 폴리노로 씨는 사람의 창조성을 끌어내는 자신의 힘을 언제 깨달으셨죠?

폴리노로 언제 깨달았는지는 저도 잘 모르겠네요(웃음). 알레시에서 일하기 전에 10년간 극장에서 일했어요. 현대 무용을 했는데, 여배우를 연기한 적도 있습니다. 거기다가 의상 담당과 안무가 일도 했어요. 스태프에서 무대 장치 담당까지, 그야말로 사람들의 창조적인 힘을 전부 모아서 작품을 만들어 내는 것이 극장이라는 공간입니다. 모두의 에너지를 최대한으로 끌어내죠. 그 훌륭함에 감동하면서 일했어요. 그런 방식으로 일하는 것을 좋아하거든요. 저는 좋은 디자인에 제 이름을 달아서 출시하는 것에는 관심이 없어요. 저 자신이 직접 디자인하거나 그림을 그리는 것이 아니라 모두의 힘·사회성이 있는 보편적인 커다란 테마·사회의 안쪽에서 사회 그 자체를 바꿔 갈 수 있는

집단적 창조성에 관심이 있어요.

— 다른 사람에게 창조성을 끌어내는 노하우를 가르
쳐 주실 수 있나요?

폴리노로 가능하면 자유롭게 자발적으로 일하게 하는 것. 그리고
역설적일 것. 그 일의 가치나 의미를 계속해서 묻는 것.
불가능해 보이는 것을 제안해서 오픈된 마음으로 유연하게
일할 수 있게 말이죠. 모두 처음에는 마음의 빗장을 닫고
있어요. 그렇기에 심리적인 프로세스를 거쳐 우선 마음의
빗장을 열게 해야 하죠. 한계를 두지 않고 극한까지 가는
거예요.

힘을 끌어내다

성마거릿생애교육연구소聖マーガレット生涯教育研究所, SMILE
의 니시다 신야西田真哉 씨는 환경 교육 현장에 체험 학습
법을 도입한 핵심 인물이자, 일본 유수의 퍼실리테이터
양성가 중 한 명이다. 현재는 국립아카기청년의집国立赤
城青年の家 소장으로서 환경 교육과 워크숍 분야 확대에

애쓰면서 SMILE 직원들과 함께 T그룹(트레이닝 그룹)이라는 일주일짜리 프로그램을 개최하고 있다. 그룹 워크를 통해 참가자 한 명 한 명이 서로의 자기 인식·발견을 쌓으며 스스로 성장해 가는 것을 지원하는 장이다.

미국에 있는 스쿨포인터내셔널트레이닝School for International Training(SIT)이라는 대학원에서는 UN이나 NGO 등의 국제기관에서 활약하는 리더 양성 프로그램을 제공한다. 그 SIT에서 정립한 퍼실리테이터 10개조를 니시다 씨가 약간 수정한 것이 있기에 소개하고자 한다.

(1) 주체적으로 그 자리에 존재한다.
(2) 유연성과 결단력이 있다.
(3) 타자의 틀을 기준으로 파악하려 노력한다.
(4) 풍부하게 표현하고, 명확하게 반응한다.
(5) 평가하는 언동에 주의한다.
(6) 개입을 이해하고 필요에 따라 실행한다.
(7) 상호 이해를 위해 솔선해서 자기를 드러낸다.
(8) 친밀감과 낙천성이 있다.
(9) 자기의 실수나 모르는 것을 솔직히 인정한다.

(⑩) 참가자를 신뢰하고 존중한다.

(『워크숍』ワークショップ 나카노 다미오中野民夫, 이와
나미 신서岩波新書에서)

'가르치는' 경우에는 교사 역이 정답이나 방법을 이
미 아는 것이 전제된다. 하지만 할 수 없는 것·해 본 적
없는 것에 관해 그것을 실제로 행하는 사람이 스스로 실
행 방식을 고안해 내게끔 이끄는 것이 퍼실리테이션이
나 코칭의 특징이다. 이 장에서 소개한 미야타 사토루·
사토 마사히코·라우라 폴리노로 같은 사람들이 이 ⑩
개조에 전부 들어맞는지는 알 수 없다. 그들과 함께 일
해 본 적은 없기 때문이다. 다만 일하는 방식을 주제로
조금 이야기를 나눠 본 바로는 꽤 많이 부합하는 듯했
다. 적어도 그들이 거기에 관여하는 노동자나 참가자의
에너지를 생생하게 끌어낸다는 점은 명백했다.

사람이 힘을 끌어내려면 옆에 어떤 존재가 필요할
까. '제대로 칭찬하는 것'은 빼놓을 수 없다고 자주 말하
곤 한다. 하지만 과연 그것만으로 충분할까? 노구치 정
체整体의 창시자 노구치 하루치카野口晴哉 씨의『꾸지람
과 칭찬』이라는 책이 있다. 혼내기의 어려움과 그 방식

에 따라 열리는 사람의 마음에 관해 적은 책이다. 혼내든 칭찬하든 그것은 상대에게 한 걸음 다가서는 행위이며, 그때 우리는 그 사람에 대해 일종의 책임을 저야 한다. 또한 다가서는 측이 자아를 과시하려고 혼내거나 칭찬한다면 상대의 마음은 전혀 열릴 여지가 없다고 그는 논한다.

위축된 상태로는 힘을 발휘할 수 없기에 안심하고 어깨 힘을 뺄 수 있는 환경을 만들어 줄 필요가 있을 테다. 칭찬함으로써 용기나 자신감을 얻는 계기를 부여하는 것도 다소는 가능할지 모른다. 하지만 자신감自信感이란 문자 그대로 자신自을 믿는信 것이지, 본래 타인이 건넬 수 있는 것은 아니다. 본인이 스스로 품지 않으면 지속적인 힘의 원천은 되지 못한다.

셀프 이스팀self esteem이라는 단어가 있다. 자존감으로 번역하기도 하지만, 프라이드와는 조금 뉘앙스가 다르다. '자기 자신을 좋아하며 자신감이 있고 그 자신감을 소중히 여긴다'는 의미의 단어다. '자기 긍정감'이라고 번역하는 편이 좋을지 모른다. 이 감정을 본인이 키우려면 제삼자가 무엇을 할 수 있을까. 그것은 "당신에게는 가치가 있다"라고 입으로 소리 내서 말하는 것이 아니라, 그 사람이라는 존재에 대해 품고 있는 진지한 마음을 태도와 행동으로 보여 주는 것이다.

지금은 다들 힐링을 구하는 시대이며 누구나가 힐링에 돈을 쓴다고 하지만, 정말로 그럴까. 오히려 어떤 식으로 연소시키면 좋을지 알 수 없는 에너지를 그렇게 표출하는 것은 아닐까. 예를 들어 쇼핑은 가장 쉽고 간단한 에너지 연소 방법이다. 더는 사냥하지 않는 시대의 일이라고도 말해도 좋다. 딱히 필요한 것도 없는데 잠깐 레코드숍에 들르거나 읽다 만 책이 집에 많이 있는데 책방에 들어가 본 경험은 누구에게든 있을 테다. 이것은 무엇인가를 찾아내고, 그것을 위해 가진 돈을 지출하는 형태로 일어나는 에너지의 연소이다.

사이토 다카시齋藤孝 씨는 『일류의 조건』의 일부에서 인간 존재의 에너지 문제를 다룬다. 책에서 말하길 사람은 누구나 높은 에너지를 내면에 품고 있다. 그것은 어린이나 청년뿐만 아니라 고령자도 마찬가지인데, 문제는 그것을 제대로 승화시킬 통로가 없다는 점이다. 내재한 에너지를 올바른 형태로 연소하는 사람들은 반짝반짝 빛이 나지만, 그러지 못하는 사람은 다른 일그러진 형태로 그것을 처리해야만 하며, 결과적으로 쉽게 이성을 잃는 젊은이같이 행동하는 현상이 생긴다는 것이다. 사이토 씨는 이어서 무언가를 배우고 터득하는 '숙달'의 프로세스는 사람의 에너지가 가장 이상적으로 승화되는 활동이자, 더불어 숙달론에 관해 정리하고 싶다고 생각했다고 논한다.

성선설적인 울림이 너무 강할지도 모르지만, 우리는 조금이라도 좋은 형태로 일하고, 좋은 일을 하고 싶다는 에너지를 가진 생물이다. 인간은 일하는 것 그 자체에서 보람이나 기쁨·자신의 존재 가치를 찾아내고자 한다. 그리스의 코스섬에서 제자에게 의학을 가르치던 히포크라테스는 사람이 건강해지기 위한 조건으로서 5가지 항목을 들었다고 하는데, 그 제1항은 '일을 준다'였다.

일은 자기 자신을 만들고 자기를 사회 속에 자리매김하는 데 빼놓을 수 없는 수단이다. 우리는 타자에게 도움이 되고 인정받아서 스스로 자신감을 가질 수 있는 일을 하고 싶어 한다. 그렇게 되도록 하려면 퍼실리테이션 기법에서 많은 점을 배워야 한다.

애초에 온갖 창조적인 일에는 '힘을 끌어내는' 측면이 강하다. 풍경화를 그리는 것은 풍경 속에 있는 힘을 끌어내서 캔버스에 정착시키는 것이며 사진도 비슷한 면이 있다. 조각가는 흔히 돌이나 나무 안에 이미 있는 것을 깎아 낼 뿐이라고 말한다. 뛰어난 요리사는 식재료와 풍부하게 대화하며 소재가 '가진 맛'을 끌어내고자 절치부심한다. 척추지압사나 동양의학 전문가는 자신들의 역할이 사람이 이미 가진 잠재적인 면역력이나 자가 치유력이 기능하도록 환자의 신체를 가다듬는 것이며, 결국 병을 고치는 것은 환자 본인이라고 입을 모은다. 이와 마찬가지로 사람의 힘을 끌어내고 내부의 에너지가 승화하도록 지원하는 프로젝트 퍼실리테이션의 센스와 기술이 더욱 많은 관리자 사이에서 공유되어야 한다.

현재 자기계발이나 경제경영 서적 코너에는 코칭이나 퍼실리테이션 기법서가 산처럼 쌓여 있다. 그러나 이것이 새로운 창조성 관리 기법인 양 착각해서는 안 된다. 퍼실리테이션은 더욱 효과적으로 일하도록 하기 위한 테크닉이 아니라, 일하는 사람 자신이 더 제대로 일할 수 있게 돕는 지원 기술이다. 일의 주체는 '일하는 사람' 본인이다. 그런데도 그 일이 마치 타인의 것처럼 취급당하는, 그런 일이나 일하는 방식의 구조에 애초에 뿌리 깊은 문제가 있다.

앞서 소개한 10개조로 돌아가 보면 포인트는 니시다 씨가 더했다는 '참가자(일하는 사람)를 신뢰하고 존중한다'에 있다. 이 항목을 생략한 순간, 퍼실리테이션 기법은 암묵적인 지배나 유도의 기술로 바뀌게 된다.

7

고바야시 히로토를 만나러 도쿄 오차노미즈에 가다

"와이어드는
사람·업무 방식·조직
모두를 바꿔서
만들었어요."

고바야시 히로토(小林弘人)
1965년생, 1992년 도호샤同朋舍 출판사에
입사하여 서적부에서 『그림으로 보는 영일 대도감
워즈워드』(絵で見る英和大図鑑ワーズ・ワード) 등을
담당했다. 1994년 일본판 『와이어드』(WIRED)를 창간하여
디지털 사회에서의 저널리즘을 목표로 삼았다. 1998년
인포반(インフォバーン)을 설립, 잡지 『사이조』(サイゾー)를
발행했으며, IT와 미디어의 융합을 통한 각종 미디어
사업을 전개하고 있다.
http://www.infobahn.co.jp/

설계를 마친 후에 조립하는 것과 만들면서 형태를 찾아가는 것. 물건 만들기는 크게 이렇게 둘로 나눌 수 있다. 전자의 대표는 공업 제품이나 건축물 그리고 후자는 점토를 이용한 조형을 꼽을 수 있다. 그렇다면 잡지 만들기는 어디에 속할까?

고바야시 히로토 씨는 1994년부터 아트 디렉터인 사토 나오키佐藤直樹 씨와 함께 일본어판 『와이어드』를 만든 편집자다.

이 잡지는 컴퓨터를 축으로 하는 신기술을 그저 기술이 아니라 문화의 문제로 다루는 것을 목표로 삼았다. 신제품 소개 기사로 가득 채워진 지루한 컴퓨터 잡지의 모습은 일본에 한한 이야기는 아니다. 이런 잡지 가운데서 새로운 사회의 모습을 찾는 『와이어드』의 자세는 래디컬한 에디토리얼 디자인과 함께 강렬한 인상을 세계에 선사했다(참고로 현재의 『와이어드』는 대형 출판사에 매수되어 샌프란시스코의 편집부에도 창설 당시의 『와이어드』 직원은 거의 남아 있지 않다고 한다).

고바야시 씨는 그 초기 단계의 미국 『와이어드』 편집부에 찾아가 일본어판 판권을 손에 넣었다. 그는 이후에 『사이조』라는 잡지를 창간하는데, 그곳에서 다루는 예술화된 '소문의 진상 파악'과 같은 저널리즘 대부분은 일본어판 『와이어드』에서 실험하며 개발한 기술이다. 기사의 재미는 당연하고, 그래픽 디자인의 짜임새가 절묘하다. 가사와 멜로디가 따로 놀지 않고 서로 녹아든 음악 같은 인상이 느껴지는 흔치 않은 잡지다. 어떤 사람들이 어떻게 일하며 일본어판 『와이어드』를 만드는지 궁금했던 나는 일본어판 『와이어드』 발행 당시 편집부에 고바야시 씨를 만나러 갔다.*

"지금까지 몇 곳의 출판사와 일하면서 의문시하던 것이 많았어요. 새로운 잡지를 창간하더라도 편집부라는 틀이 바뀔 뿐, 그 안에 있는 사람과 일하는 방식 나아가 조직까지 변하지 않는 경우가 많았죠. 항상 이상하다고 생각하던 점을 『와이어드』에서는 바꿔 보고 싶었어요.

예를 들어 지금 대부분의 잡지 제작 과정은 무척이나 분업화되어 있어요. 분업제 그 자체는 합리적인 방법

---

* 이후 대담에서 언급되는 『와이어드』는 모두 일본어판이다. ─옮긴이

론이지만, 실제로는 각 영역이 너무 특화되다 보니 오히려 그 폐해가 더 두드러지죠. 디자인을 예로 들면, 디자인 작업은 아트 디렉터에게 통으로 맡기는 경우가 많은데, 본래 디자인은 '편집' 업무의 중요한 일부분입니다. 내용물을 편집자가 만들고 그 외관을 디자이너에게 포장해 달라고 한다고 다가 아니에요. 어느 한쪽이 주역이 아니라 양자 모두 함께 『와이어드』를 만들어야 하죠."

그들은 편집부 내에 인하우스 디자이너를 두고 있다. 아트 디렉터인 사토 나오키 씨와 그 외 디자이너 여러 명은 편집부와 같은 방에 같은 책상을 놓고, 벽 한 면에 디자인 도안이 된 각 페이지를 붙이면서 작업하고 있었다. 서양 잡지는 몰라도 잡지 편집부에 디자인 팀이 동거하는 예는 내가 아는 한 극히 드물다. 일본 출판사의 잡지 제작에서는 희소한 업무 방식이라 고바야시 씨는 소속 회사를 설득하기 어려웠다고 한다. 그런 방식으로 일하기에 내용과 잘 어우러지는 디자인·가사와 멜로디가 분리되지 않은 음악 같은 지면 구성·소재를 다루면서 형태를 찾아가는 점토 조형과 같은 제작이 가능해졌다. 하지만 단순히 같은 장소에 편집자와 디자이너가

있다고 해서 끝은 아니다.

"디자이너도 필기시험을 봤습니다. '자기가『와이어드』의 기자라고 가정하고 400자 내외의 기사를 써 보세요'라고요. 문장은 서투르다며 그림 콘티를 그린 사람도 있었어요(웃음). 그래도 저는 디자이너에게도 논리를 세우는 힘이 필요하다고 느끼고 있고, 편집자와 어긋나지 않고 절차탁마할 수 있는 팀을 만들고 싶었습니다. 실제로 해 보고 느낀 것은 콘셉트와 편집 방침보다는 작더라도 구체적인 아이디어를 축적하는 것이 이 미디어를 완성시킨다는 점입니다. 예를 들어 그것은 '조직'이라고 할까요. 일반적으로 출판사의 잡지 편집부에는 겸직으로 일하는 사람도 있습니다. 하지만 저희는『와이어드』전속 팀이에요. 그런 부분을 고집했죠.

또 잡지라는 매체는 편집과 디자인만으로 말할 수 있는 것은 아니에요. 영업 등을 포함해서 독자에게는 보이지 않는 단계까지 포함한 10차원 정도의 작업이죠. 복수의 차원이 서로 얽히며, 그 결과 가장 균형이 잘 잡힌 부분이 제시되는 거예요. 그런데 안타깝게도 이런 깊이를 제외하고 편집과 디자인 등 기껏해야 2차원 정도의 수준이라고 생각하는 사람이 많아요."

방식이 다르기에 결과도 다르다

고바야시 씨가 말하는 10차원 구조를 지닌 잡지 만들기의 구체적인 내용은 무엇일까. 이 취재를 하러 갔던 무렵의 나는 한 걸음 깊게 들어간 질문을 하지 못했다. 지금 수중에 남아 있는 것은 '작더라도 구체적인 아이디어를 축적하는 것'이라는 말이다.

『와이어드』는 DTP Desk Top Publishing를 통해 잡지를 만드는 방식도 개척했다. 편집장인 고바야시 씨와 아트 디렉터인 사토 씨 말고 또 한 명의 중요한 핵심 멤버로서 후카사와 에이지深沢英次 씨가 있었다. 그의 역할은 테크니컬 디렉터였다. 컴퓨터를 이용한 디자인·프리 프레스*·편집 작업의 기술적인 지원 등 전체적인 시스템 관리 작업을 담당하는, 일본의 잡지 만들기에서는 처음으로 도입된 직능이었다.

DTP를 통한 디자인은 설계와 제작으로 분리되어 온 근대의 잡지 발행 방식을 그 이전의 크래프트적인 방식으로 되돌려 전체상이 보이는 작업을 가능하게 했다. 하지만 그것은 동시에 기존에 인쇄소의 장인들이 남몰래 조정해 주던 세부적인 작업 부하를 편집부가 스스로

---

* 인쇄용 디지털 데이터를 준비하는 과정 — 옮긴이

떠안게 된다는 점도 의미한다. 후카사와 씨를 세 기둥 중 하나로 세운 배경에는 컴퓨터가 자신들의 새로운 잡지 발행 방식을 가능하게 하는 키 테크놀로지라는 확신과 책임감이 있었기 때문일 것이다.

사진이나 문자 원고 등의 모든 것을 디지털 데이터로 취급하는 DTP는 좋은 네트워크 회선이 전제된다면, 떨어져서 일하는 것 즉 텔레워크나 모바일워크를 가능하게 한다. 당시 디지털 혁명을 찬양하던 사람 중에는 "앞으로는 어디서든 일할 수 있다. 직접 만나지 않아도 좋다"라는 비전을 소리 높여 말하는 사람들이 많았다. 하지만 고바야시 씨는 직접 만나는 것·장소를 공유하는 것의 중요성을 당시부터 반복해서 입에 담았다.

"DTP를 통한 비용 절감은 실질적인 장점이지만, 어디까지나 부차적인 결과에 지나지 않아요. 중요한 것은 하나의 콘셉트를 제대로 공유하면서 '『와이어드』란 무엇인가'를 구체적으로 계속해서 제시하는 것입니다. 제대로 하나부터 모두가 함께하는 관계에서 말이죠.

그러려면 역시 장소를 공유하는 것이 중요해요. 그런 의미에서는 이것은 팀으로 하기에 적합한 일이라고 할 수 있겠죠. 독립적으로 하는 일은 결코 아니에요. 역시 잡지 만들기란 F1 팀과 같아요(웃음). 정비사가 있고 전체를 진두지휘하는 사람이 있고 하는 식으로요. 하나의 공장이라고 할까, 장소를 중심으로 함께하지 않으면 어렵지 않을까요. 분위기처럼 말로 할 수 없는 부분에서 말이죠. 사기 같은 것이 디자인 작업의 중요한 요소라고 생각합니다.

잡지나 디자인은 역시 항상 그 시대를 반영하고, 만드는 사람들의 열의가 무엇보다 중요하죠. 그것은 지면에도 드러나잖아요. 제가 좋아하던 옛날 잡지에서는 그런 점이 언제나 느껴졌고, 나중에 그것을 담당했던 사람들에게 이야기를 들어 봐도 '돈은 없었지만 밤을 새워 가며 만들었었지' 같은 말을 자주 듣곤 합니다.

이런 디자인 팀의 운영은 밴드와도 비슷한 것 같아요. 기타가 있고 드럼도 있고 하는 식으로 서로 다른 파트의 멤버가 모여서 함께 스튜디오에 들어가서 '둥~' 하며 소리를 맞춰 보는 식으로요(웃음). 그런데 요즘은 거의 스튜디오 뮤지션이 혼자서 녹음실에 들어가서 음원으로 남기고 나중에 그것을 합치는 분업제가 되어 버렸죠."

그가 동경하고 목표로 삼는 것은 '1+1'이 단순히 '2'

가 아닌 그 이상이 되는 일이다. 그리고 그 구체적인 방법을 『와이어드』에서 단번에 시도해 본 것이다. 같은 멤버·같은 환경·같은 업무 진행 방식으로 결과만을 혁신적으로 바꿀 수는 없다. 이것은 무척이나 단순한 사실이다. 지금까지 살펴본 사람들이 일하는 방식에도 명백하게 여러모로 고민한 흔적이 곳곳에 담겨 있다.

　물론 기적이나 우연은 일어난다. 오히려 중요한 것은 대부분 우연처럼 벌어진다고 말해도 좋다. 조건이 갖춰진 것처럼 보이지 않음에도 불구하고 좋은 결과를 불러오는 재능이 뛰어나거나 운이 좋은 사람들도 분명 있다. 하지만 그 우연성을 살리는 일하는 방식이 있는가 하면, 아예 깨닫지도 못하는 일하는 방식도 있다. 어느 쪽이든 일하는 방식이 다르기에 결과도 다른 것이다.

2부

타인의 일과 '자기의 일'

일을 '자기의 일'로 만든다

일하는 방식을 살펴보고자 다양한 곳을 방문하면서 만난 사람들에게 예외 없이 공통점이 하나 있다는 사실을 깨달았다. 그들은 어떤 일이든 반드시 '자기만의 일'로 삼았다. 일과 그 사람의 관계성이 세상 속의 많은 일하는 이, 특히 샐러리맨의 그것과 달랐다. 제아무리 하청받아서 하는 일이라도 그것을 자기 자신의 일로서 행하며, 결코 다른 사람의 일로 생각하지 않는다. 기업 안에서 마치 자기의 일이 아닌 것 같은 말투로 불평을 늘어놓으며 일하는 사람들(물론 예외도 많다)의 모습을 거듭 보았던 당시의 나에게는 그들의 모습이 매우 신선했다.

예를 들어 앞서 언급한 미야타 씨가 이끄는 드래프트는 오래전부터 모스버거 관련 디자인을 담당 중인데, 포스터 디자인을 의뢰하러 찾아온 담당자에게 "정말로 포스터가 필요한가요?"라고 반문할 때가 종종 있다고 한다. 의뢰받은 일을 단순히 해내는 것이 아니라 무엇이 정말로 필요한지를 함께 생각하는 부분부터가 디자인을 시작하는 자세다. 물론 이러한 태도는 실력이 바탕이 되어야만 가능하며, 미야타 씨도 처음부터 그런 식으로 일을 진행할 수 있던 것은 아니라고 한다. 그는 공업고등학교 공예과를 졸업한 후 일본디자인센터에 입사했고, 20대 중반 무렵에 독립했다.

"자신만만하게 일을 시작했지만, 독립 전에 상상하던 식으로는 전혀 일할 수 없었어요. 일이 없었던 것은 아닙니다. 그런 점에서는 운이 좋았어요. 다만 돈은 벌지만 이런 식으로 일하고 싶던 건 아니었는데, 하는 생각을 항상 했죠.

예를 들어 어떤 광고 건의 경쟁 공모에 디자인을 응모한다고 쳐 보죠. 저는 자신이 있는데 이해할 수 없는 이유로 탈락합니다. 디자인과는 전혀 관계없는 이유로 다른 업체가 선정된 것으로밖에 보이지 않아요. 이해할 수 없죠. 30대 초에는 그런 식으로 개인적으로 꽉 막힌 시기가 이어졌습니다. 저답게 해 나가고 싶은데 조금도 그럴 수 없는 상태였어요. 그래도 거기에는 무언가 원인이 있을 테니까 큰마음 먹고 업무 시스템부터 새로 고쳐 보고자 했습니다.

　우선 첫 번째로 에이전시를 통한 일은 받지 않겠다고 결심했어요. 쉽지 않으리라는 점은 분명했지만, 클라이언트와 직접 일하는 편이, 그것도 사장과 함께하는 편이 좋죠. 프레젠테이션도 적은 편이 좋아요. 그래야 정신적인 여유도 생기고 재미있는 일을 할 수 있으니까요. 요컨대 불필요한 에너지를 사용하고 싶지 않았어요. 그런 점부터 일하는 방식을 재구축한 거죠."

　광고 안건 대부분은 광고 에이전시를 경유해서 디자이너에게 도달한다. 이 구조 안에 있는 한, 디자이너는 말단 하청업자에 지나지 않는다. 에이전시를 통한 업무는 담당자 개인의 자질에도 크게 좌우되지만, 비싼 업무관리비를 받으면서 실제로는 중간에서 전해 받는 지시나 성과를 통으로 넘기기만 할 뿐, 스케줄 관리도 리스크 관리도 제대로 되지 않는 경우가 적지 않다. 하지만 클라이언트와 차분히 대화하면서 정말로 필요한 디자인을 찾으려면 디자이너 자신이 클라이언트와 직접적인 관계를 맺을 수밖에 없고 그에 따른 리스크도 무릅써야 한다.

　지금에야 이렇게 논리정연하게 설명할 수 있지만

당시에는 그저 실패와 모색의 반복밖에 없었다고 미야타 씨는 말했다. 어느 쪽이든 중요한 점은 자기가 수긍하지 못하거나 의문스러운 점을 그대로 넘기지 말고 항상 의식하는 것·자기를 소중하게 여기는 것·자기다움을 모색해 나가는 것이라고 한다. "포기하지 말고 계속하다 보면 그때는 아직 모르더라도 5년이나 10년쯤 지났을 때 형태로 드러나게 됩니다."

'자기'를 깊게 파 내려감으로써 타인과 이어진다

'자기'를 단서로 삼아 일하는 방식의 사례로 다시금 사토 마사히코 씨도 다뤄 보고 싶다. 그는 광고대행사 덴쓰의 CF 기획자로서 여러 히트 CF 작품을 만들었다. 하지만 처음부터 제작 부서에서 솜씨를 갈고닦은 것이 아니라, 31세까지는 판촉 부서에서 스케줄이나 견적 관리 같은 일반 사무에 종사했다고 한다. 하지만 뜻한 바가 있어서 사내 시험을 보고 합격했고, 제작 부서로 이동했다. 하지만 나이도 많고 실적과 경험이 없는 그에게 일은 오지 않았다. 주변에서도 배려해서인지 허드렛일조

차 맡기지 않았다고 한다.

그래도 그는 신경 쓰지 않고 CF를 만든 적 없는 자신이 CF를 만드는 방법을 만들어 내는 일에 착수했다. 그는 사내의 자료실에 들어가 전 세계의 CF를 확인하며 그중에서 자기가 재미있다고 생각하는 것을 비디오테이프에 모으기 시작했다. 그러면서 점차 자기가 매력을 느끼는 CF에는 공통된 몇 가지 규칙이 있다는 사실을 깨달았다. 이 작업은 3개월 정도 이어졌고, 결과적으로 사토 씨는 재미있고 인상에 남는 CF에 공통된 규칙 23개를 정리하기에 이르렀다.

그 후의 히트 CF 대부분은 이때 정리한 규칙을 바탕으로 만들었다고 한다. 고이세야 스콘 등의 CF에서 볼 수 있는 '도큐멘트 립싱크'(내레이터가 아니라 화면 상의 출연자 자신이 말함으로써 메시지를 전한다)나 NEC의 광고 캐릭터 '바자루 데 고자루'의 네이밍에 활용한 '탁음 시대'(탁음을 포함한 단어는 귀로 듣기에도 입으로 말하기에도 기분 좋다) 등은 그 한 예다.

매력적인 사물에 공통되는 무언가의 법칙을 찾고자 할 때 그가 취하는 수법은 '좋아하지만 그 이유를 알 수 없는 것을 몇 개쯤 나열해 보는 것'이다. 게이오대학교의 강의에서는 이 수법을 '요소 환원'이라는 이름으로 소개했다. 비슷하게 끌리는 것을 나열한 후, 거기에 어떤 요소가 포함되어 있고 자기 안의 무엇이 감응하는지를 정성껏 찾아 나가는 작업이다. 자기가 느낀 말로 할 수 없는 매력이나 위화감에 대해 '이건 도대체 뭐지?'라고 깊게 파 내려간다. 계기는 어디까지나 개인적인 깨달음에 지나지 않는다. 하지만 그곳을 파고 파고 또 파 내려가다 보면 깊숙한 곳에서 다른 많은 사람의 무의식과 이어지는 층에 도달한다. 이런 제조 프로세스가 수많은 국민적 히트작을 만들어 낸 것이다. 사람들이 지지하는 표현은 무수한 무의식을 대변한다. 하지만 그 입구는 어디까지나 개인적인 깨달음에 있다.

어설프게 파 내려가는 것은 마스터베이션이라고 평가해야 할지 모르지만, 극단적으로 깊은 곳까지 파 내려가다 보면 자기라는 개성을 넘어서서 인간은 무엇을 원하는가, 무엇을 기분 좋게 여기며 무엇에서 기쁨을 찾아내는 생물인가와 같은 본질에 가 닿을 수밖에 없다. 역사상의 예술가나 창작자의 창작 활동은 그야말로 이 과정의 반복이었다. 자아의 집착이 아니라, 세상을 향해 열린 감각을 바탕으로 그 일을 했는지 아닌지는 만드는 사람의 그릇 크기에 달려 있다.

일본의 기업 조직은 사내 의견은 과소평가하고 사외 의견은 과대평가하는 경향이 있다. 많은 회사에서 새로운 일을 방해하는 최대의 장벽은 사내 평가다. 자신들을 과소평가하는 심정의 뒷면에는 자기 자신에 대한 과소평가가 달라붙어 있다. '이 회사에 속한 인간이 생각하는 것 따위, 보잘것없음이 틀림없다'라고 깔보는 감각이 실은 자기 자신을 향한다는 사실을 자각하는 사람은 얼마나 될까.

미야타 씨와 사토 씨의 공통점은 스스로 일을 할 때 '자기'의 감각에서 출발한다는 점이다. '자기의 일'인지 여부에 따라 그 일이 의미를 갖게 된다. 그런 사람들의 모습을 조금 더 살펴보고자 한다.

8.

우에다 요시노리의
서프보드 제작 현장에
가다

" 서핑을 계속하니까
보드도 팔리는
거예요. ”

우에다 요시노리(植田義則)
1954년생, 일로서 서프보드 제작을 시작한 것은
20세 때다. 당시 스스로 깎아 만든 보드로 제10회
전일본서핑선수권대회 아마추어 성인 남성부 우승을
차지한다. 1980년에 지금의 회사를 설립했고,
일본이 자랑하는 톱 셰이퍼 중 한 명이다.

전 세계의 서퍼가 존경하는 게리 로페즈Gerry Lopez라
는 전설적인 서퍼가 있다. 그런 그가 '세계 제일'이라고
칭찬하는 서프보드 셰이퍼가 쇼난에 사는 우에다 요시
노리 씨다.

우에다 씨의 일은 일이라고 부르기가 꺼려질 정도
로 자신의 삶과 생활에 밀접하게 녹아들어 있다. 그야말
로 '일=삶' 그 자체다. 1년에 몇 번이고 서핑 여행을 나서
고, 매일같이 쇼난 바다에 들어간다. 셰이퍼는 무엇보다
먼저 한 명의 서퍼인데, 그렇지 않으면 일을 할 수 없다.
그렇게 말하는 우에다 씨를 쇼난 공장에 찾아가 인터뷰
했다.

— 셰이퍼의 일에 관해 설명해 주실 수 있나요?

우에다 서프보드를 깎아 내는 일입니다. 다만 찾아오는
서퍼가 지금 서핑에서 어떤 어려움을 겪으며 고민하고
있는지, 그런 부분에 대해서도 도움을 주는 클리닉 같은

측면도 있죠. 그러려면 셰이퍼 자신의 경험이 무척이나 중요합니다. 뻗어나가는 턴을 하고 싶다거나 예각으로 오르고 싶다거나, 속도가 빠른 보드·커다란 파도를 타기 위한 보드·힘이 없는 파도를 잡을 수 있는 보드, 그런 것을 전부 체험적으로 알아야 하는데, 이런 것들은 타는 사람의 스타일이나 타는 곳의 파도 성질에 따라서도 전혀 달라지거든요.

— 이 길로 들어서게 된 계기는 뭔가요?

우에다 열여섯 살 때 처음 서핑을 시작했어요. 쇼난에 살았으니까요. "멋있다!", 그게 일단 시작이었죠(웃음). 뭐, 그렇게 시작했지만 저는 서퍼로서 '진짜'가 되고 싶었어요. 그래서 지역에서도 가장 정점에 올라 있는 사람들을 동경했는데, 그들은 일본 챔피언임과 동시에 역시 다들 셰이퍼였어요.
그런 사람 중 한 명에게 친구가 서프보드 제작을 의뢰했어요. 친구가 "이런 핀테일이 좋다고 하던데요"라고 말하니, "바보 아니야? 너, 어디서 탈 건데?"라고 하더래요. "구게누마에서 탈 건데요"라고 말했더니, 원했던 것과는 완전히 다른 형태를 만들어 줬다더라고요. 돈을 내는 측이 그런 취급을 받으면서도, 보드 제작을 의뢰한 사람들은

다들 두근거리며 완성을 기다리죠. 그런 포지션이 또
멋있었어요.

— 서퍼라는 목표를 품었는데 셰이퍼라는 존재가 보
이기 시작한 거군요.

우에다 서핑을 시작한 10대 때, 곧장 하와이에 갔어요. 처음에는
완전히 깨졌죠. "뭐야, 내가 생각하던 '진짜'라는 게
세계에서 봤을 땐 형편없는 거잖아"라고 깨달았어요.
그래도 그 경험으로 이건 매년 갈 수밖에 없네, 싶어서
하와이에 다니게 됐죠.
셰이퍼로서 일을 계속하는 이상, 그곳에서 건gun(빅웨이브를
타기 위한 길고 가는 보드)을 사는 게 아니라 제가
깎은 보드로 타고 싶었어요. 하지만 건을 깎기 위한
블랭크스(깎기 전의 발포재)가 일본에는 없으니 다음
해에 탈 보드를 깎기 위한 블랭크스를 사러 하와이에 있는
한 가게를 찾아갔죠. 그러자 가게에 있는 사람들이 "누가
깎을 건데?"라고 묻더라고요. 당시에는 아직 애송이 같던
제가 저 자신을 가리키자, 다들 웃었어요(웃음).

— 자기의 보드를 본인이 디자인해서 깎는 것은 해외
에서는 당연한 일인가요?

우에다 개러지 셰이퍼라고 해서, 자기가 가진 보드나 친구의
보드를 보고 흉내 내서 만드는 사람들은 있죠. 그건
둘째치고 서핑을 욕심내는 사람들은 다들 좋은 보드를
가지고 싶어 해요. 서핑에서 가장 중요한 것은 뭐니 뭐니
해도 서프보드니까요. 좋은 보드를 만난 덕에 서핑 실력이
달라졌다는 경험은 저도 성장 과정에서 항상 했어요.
그중에는 아직 타기에 이른 보드도 있죠. 그런 점을 뛰어난
셰이퍼는 무척이나 잘 알고 있어요.

친한 셰이퍼가 근처에 있으면 가장 좋지만, 그렇지 않으면
스스로 만들어 보고 싶어지는 것이 본래 자연스러워요.
그런 식으로 깊게 파고들지 못하는 사람은 서핑 실력도
그저 그렇죠.

그런데 1980년대에 프로 시스템이 정비되는 과정에서
프로 서퍼와 셰이퍼의 길이 나뉘어 버렸어요. 파도를
타는 생활을 추구하다가 셰이퍼가 되는 사람도 실제로
줄어들었고요. 요즘 사람들은 자신이 파도를 타는
사람이라는 점에 만족하는 듯해요.

—— 우에다 씨는 지금도 바다에 들어가시나요?

우에다 그야 당연하죠. 이 일을 하는 것도 그 시작은 '계속 서핑을
하고 싶다'라는 마음에서였으니까요. 제 생활과 취미와

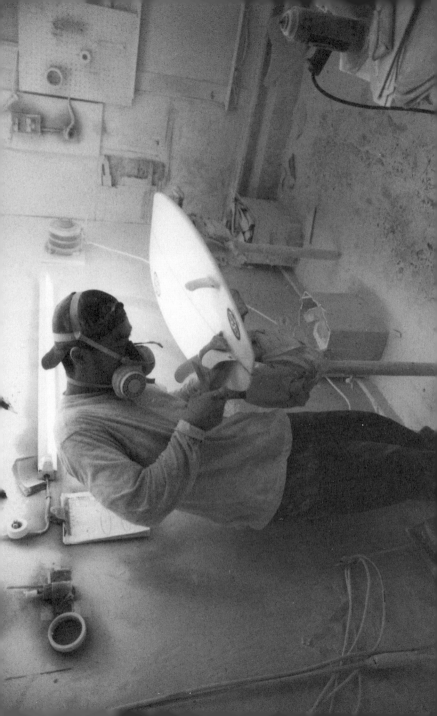

일이 전부 서핑 하나에 모여 있는 덕에 반대로 먹고살 수 있는 거예요. 저 자신이 서퍼이기에 극히 자연스레 보드에 대한 이미지도 그릴 수 있죠. 그리고 그것을 제 손으로 만드는 기쁨은 두말할 필요도 없고요(웃음). 그리고 동시에 이 일을 하다 보면 그야말로 당당하게 서핑을 할 수 있으니까요. 그 생활을 빼놓고 이 일을 했다면, 예를 들어 보드를 깎는다고 해도 회사에서 받은 일을 해 나가는 것과 비슷해지죠. 그렇다면 보드도 팔리지 않을 거예요. 역시 소금기 있는 상태에서 손을 더럽히며 가루투성이가 되지 않으면 안 돼요.

자기를 위한 도구를 자기가 만들고, 그것을 갖고자 하는 사람이 늘어남으로써 점차 시장이 커져 그것을 만드는 일이 어엿한 직업이 된다. 처음에는 창업자의 손안에 있던 작은 일이 커다란 비즈니스로 성장해 가는 과정을 거친 회사는 적지 않다.

파타고니아의 창업자 이본 쉬나드는 파타고니아를 설립하기 전인 1960년대, 자신이 암벽등반 때 쓰려고 피톤*을 만들고는 그것을 요세미티 공원에서 팔았다. 페더크래프트Feathercraft의 홀딩 카약은 카약의 롤스로이스라고 불리며, 그 세부적인 만듦새는 전 세계 카

---

* 바위의 갈라진 틈새에 박아 넣어 중간 확보물로 쓰는 금속 못 — 옮긴이

약 마니아의 신뢰와 사랑을 독차지한다. 오너인 더글러스 심슨Douglas Simpson은 자신의 손으로 제품 테스트와 개량을 거듭했다. 지금도 제품 테스트를 겸해 밴쿠버만의 회사까지 자신의 카약으로 통근한다고 한다.

그들이 하는 일의 가치는 그들 자신의 존재에 깊게 뿌리내리고 있다. 애초에 일의 본질적인 가치가 그곳에 있지 않았던가. 하지만 요즘은 누가 누구를 위해 그것을 만드는지 알 수 없게 되었다. 어디에서 누가 만든 것인지 알지 못하는, 산처럼 쌓인 물건에 둘러싸여 살아가는 지금의 세계가 오히려 이상한 것일지 모른다.

소중한 사람이 자기를 위해 만들어 준 물건이라면 다소 형태가 이상하더라도 그 가치가 훼손되지는 않는다. 하지만 만드는 이와의 관계성이나 이야기성이 부족한 제품은 물건 그 자체의 아름다움이나 기능에 평가가 집중되기 마련이다. 공업사회에서의 일이란 대부분 그런 가치를 최대화하는 것일 수밖에 없지만, 만약 진정으로 탈공업사회가 진행되고 시간을 들여서라도 사회가 근원적으로 바뀌고자 한다면 상품이나 제품이 가지는 본연의 가치도 바뀌게 될 것이다.

구로사키 데루오가 일하는 방식

도쿄 아오야마의 인테리어 숍 '이데'IDEE는 세계 각지의 디자이너와 저널리스트를 도쿄에 모으는 이벤트 '도쿄 디자이너스 블록'Tokyo Designers Block 및 디자인 리노베이션 움직임에 알기 쉬운 깃발을 꽂은 '알-프로젝트'R-Project 등 일반적인 가구 메이커의 틀에 얽매이지 않는 활동을 계속해 온 신기한 회사다. 오너인 구로사키 데루오黒崎輝男 씨는 처음부터 건축이나 인테리어 관련 업무까지 내다보고 사업을 시작한 것은 아니라고 한다.

구로사키 '일한다'는 말을 언제나 새롭게 고치고자 노력하는 것이 중요합니다. 정장을 입는다거나 몇 시부터 몇 시까지 사무실에 있다거나 하는 게 일하는 건 아니죠. 이데에서도 연봉이 얼마다 하는 연장선상에서 일하는 방식은 무너뜨리고 싶어요. 오픈된 공간을 꾸미고 사장실이 없는 것이나 제가 전철로 출퇴근하는 것·언제나 직원들 주변에서 얼쩡거리고 아무도 사장님이라고 부르지 않는 것(구로사키 씨라고 부른다), 이런 것 하나하나가 저희와 같은 일에서는 당연하다고 생각해요.

그래도 작은 회사가 커질 때는 저절로 기존 회사를 모델로 삼게 되는 일이 많죠. 팀의 수를 늘려 보거나, 외부에서 뛰어난 경리나 인사 담당자를 채용하는 과정에서 어느샌가 자신들이 싫어하던 회사 조직이 만들어집니다. 저는 그게 너무 싫어서 어떤 방법론이 있을까 생각하고 있어요. 24시간 밤낮 없이 생각 중입니다.

— 그렇게 해서 구로사키 씨는 최종적으로 어떻게 되고 싶으신가요?

구로사키 그건 지금도 계속 생각하는 중이라서요(웃음). 대관절 저는 어떻게 되고 싶은 걸까요……. 그래도 '이렇게 되고 싶지 않다'라는 것은 꽤 명확히 알고 있어요. 록 세대이기 때문일까요. 비틀스든 롤링스톤스든 도어스든, 주로 노래하는 것은 "그건 싫어, 이건 싫어"라는 내용 아닌가요?(웃음) 어떻게 되고 싶으니까 그렇게 되는 것이 아니라, 저건 싫으니까 이쪽이야, 하는 일이 반복된 결과, 뭔가 이렇게 자연스레 현재에 이르게 된 느낌이랄까요. 지금의 일은 싫은 것을 덜어내는 방식의 연장선상에 있습니다.

고다 미키오의
빵 만들기 현장에 가다

"빵은 수단일 뿐,
편안함을 전하고
싶어요."

고다 미키오(甲田幹夫)
1949년 나가노현 출생, 여러 직업을 거친 후,
한 프랑스인에게 자연발효종을 이용한 유럽식 전통
제빵 기술을 배웠다. 1984년에 도쿄 조후에서 개업하고,
1989년에 직영 소매점 '르뱅'을 도쿄 도미가야에 열었다.
매일매일 곡물 본연의 맛을 살린 빵을 굽고 있다.

도쿄 도미가야의 주택가 입구에 독채로 된 빵집이 있다. 프랑스어로 자연 효모를 의미하는 '르뱅'이라는 이 가게는 천연효모 제빵계의 중심으로, 이 공장 출신들이 전국에 많다. 베이스는 딱딱한 독일식 빵이지만 독특한 맛이 나며, 잡지의 빵 특집 기사를 위해 찾아온 해외 평론가도 "이곳의 빵은 내가 아는 빵이 아니다. 하지만 맛있다!"라고 조금 복잡한 방식의 칭찬을 남겼다. 조후에는 공장도 있으며, 만들어진 빵은 전국의 자연 식품점에서 팔리고 있다*. 그들이 구운 빵에는 다른 곳에서는 얻을 수 없는 만족감이 있다. 입에 넣으면 무언가에 의해 내 안이 채워진 기분이 든다.

　　독일의 아동문학 작가 미하엘 엔데Michael Ende는 일에 대한 사랑은 없지만 머리는 좋은 사람들이 만들어내는 사회를 '기능은 완벽하지만 본질은 완전히 결여된 세계'라고 표현했다. 이 빵집에서는 그와는 정반대 일이 벌어지는 것만 같다. 그들이 만드는 빵은 무척이나 인간적이며, 엔데가 말하는 '본질적인 것'이 가득 채워진 듯

---

* 조후 공장은 2007년 말에 문을 닫았다.

하다. "자, 보세요. 이런 식입니다"라고 꺼내서 보여 줄 수는 없지만, 그 빵에는 도대체 무엇이 들어 있는 것일까. 그것은 어떤 식으로 일하는 사이에 거기에 들어가게 되었을까. 사장임과 동시에 '그가 만지면 효모의 움직임이 달라진다'라며 직원들이 탄성을 지르는 제빵 장인이기도 한 고다 미키오 씨에게 이야기를 들어 보았다.

— 제빵 일을 선택하신 경위를 들려주실 수 있나요?

고다 서른두 살 정도까지는 정규 직업을 가지지 않고 다양한 일이나 여행을 했습니다. 저는 마흔 살 정도를 목표로 느긋하게 삶을 대비한 거죠. 예전에 아는 형님이 경영하는 빵집에 부슈 씨라는 프랑스인이 있었는데, 색다른 빵을 굽는다면서 도와줄 수 없을지 묻더군요. 그런 사람이 있다는 사실에 관심을 가진 것이 최초의 계기였습니다. 꽤 마음 편히 시작했는데, 이 일은 기존에 경험한 일과 비교할 때 모순이 없더라고요. 초등학교 선생님으로도, 회사에서도 근무한 적이 있지만, 일하는 동안 어딘가에서 모순이 나왔어요. 제가 파는 음료수를 계속해서 마시면 몸이 나빠질 것 같다거나(웃음). 그런데 그 빵은 제가 만들면서도 기분이 좋고, 다른 사람들도 먹으면서 무척이나 기뻐했습니다. 재료도 몸에 좋은 것만 들어가고요. 어쨌든 전체적으로 모순이 느껴지지 않았어요.

— 르뱅은 처음에 조후 공장에서만 빵을 구웠고 나중에 도미가야에 매장을 내셨죠. 그 이유가 뭔가요?

고다 이 빵을 세상에 선보이고 싶었거든요. 공장에서 공급하는 곳은 자연식과 관련된 가게였기에 한정된 사람들만을 상대로 했어요. 그리고 도매업이라면 어떻게 해도 만든 다음 날 판매하게 되죠. 그런데 저희는 막 구운 빵을 먹으며 "이렇게 맛있는 빵은 달리 없어"라고 생각했거든요(웃음). 그래서 얼마나 많은 사람이 똑같은 마음을 품을까 궁금했어요. 거리의 평범한 빵집과 같은 식으로 진열해서 지나가는 사람이 엇, 맛있어 보이네, 하고 생각해서 사거나, 그 사람의 말을 듣고 또 다른 사람도 사러 오거나 하는 식으로 이 빵이 얼마만큼 퍼져 나갈지 관심이 있었습니다.

— 르뱅은 빵도 맛있지만 직원 한 명 한 명이 빚어내는 분위기가 무척 좋은 것 같아요. 이 가게에 와서 싫은 느낌을 받은 적은 한 번도 없습니다.

고다 그렇죠?(웃음) 그런 말은 정말로 자주 들어요. 직원의 기분 좋은 대응이나 미소 같은 건 뭐라고 할까요……, 일하는 본인이 '쾌적'하기 때문일까요. 맛있는 빵은 여기저기 많지만, 점원들이 이런 식으로 기분 좋게 대해 주는 가게는 없었다는 편지를 받은 적도 많습니다.

모두가 개성을 드러내면 좋다고 생각해요. 빵만 봐도 제조 담당이 바뀌면 역시 달라지거든요. 크게 달라지지는 않지만, 굽는 정도라거나 커팅처럼 모양에도 드러납니다. 그건 그것대로 좋습니다. 방문한 사람이 기분 좋게 빵을 사서 돌아가는 것이 중요하죠. 손님에게 직원이 개성을 드러내는 것이 중요한 것 아닐까, 재미있는 것 아닐까, 생각합니다.

이전에 강연을 할 기회가 있었는데, 제 목적이 무엇일까 새삼 생각해 봤어요. 그러자 빵 그 자체가 목적이 아니었구나, 하는 생각이 떠오르더군요. 목적이라고 말하기에는 조금 과장인가 싶기도 하지만 다들 이렇게 행복해지고 기분 좋아지는 것·평화로워지는 것이라고 할까요. 그런 마음이 전해지면 되는 것 아닐까 합니다. 빵은 수단일 뿐, 기쁨이나 평온·평화 같은 것을 파는 겁니다. 아니, 판다고 할까, 빵을 통해 다양하게 연결되고 싶다는 마음이 그 바탕에 있어요.

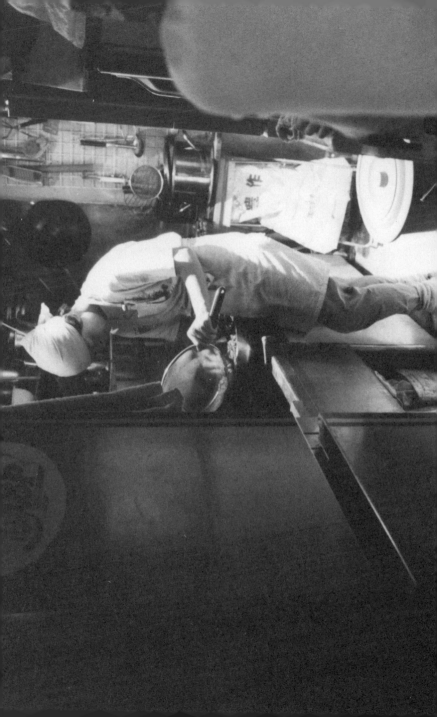

모순을 느끼지 않는 일이란

고다 씨도 말한 것처럼 르뱅에서 파는 것은 빵의 모양을 한 다른 무언가다. 경솔하게 그것이 무엇인지 말하고 싶지는 않지만, 배를 채우는 것뿐만 아니라 마음도 채워진다는 실감이 든다. 그런 음식은 시중에 흔치 않다.

그는 음식 일을 하는 사람은 맛이 있고 없고로 세상만사를 판단하기 쉽지만, 그 이상으로 만드는 사람이나 재료를 키우는 사람·먹는 사람과의 관계를 소중히 여겨야 한다고 말했다. 르뱅의 빵은 다양한 생산자의 지지를 받고 있다. 수량이 적어서 돈이 되지 않는 호밀을 르뱅을 위해 키우는 도치기의 농가. 애플파이를 위해 홍옥나무를 키우고 그 수확물을 매년 전해 주는 나가노의 농가 등등.

고다 씨는 인터뷰 도중 "이 일에는 모순이 없었다"라고 말했다. 여기에서 말하는 모순이란 무엇일까. 일을 둘러싼 '이중구속'에 관해 조금 생각해 보고 싶다. '이중구속'이란 인류학자인 그레고리 베이트슨Gregory Bateson이 제창한 이론이다. 예를 들어 어머니가 아이에게 "사랑해"라고 말을 건다. 기쁨을 느낀 아이가 옆에 가

보니 어머니의 눈과 표정은 차갑고, 말과는 그야말로 반대 메시지를 발하고 있다. 이와 같은 상황을 이중구속이라고 한다.

사랑을 말하면서 반대의 태도를 보이는 부모. 가정 내에서 그 반복이 아이의 정신을 훼손하고 결과적으로 분열증의 원인이 된다고 베이트슨은 지적했다. 하나의 주체에서 나오는 서로 다른 두 메시지에 의한 딜레마. '가정이 무엇보다 중요'하다고 말하면서 휴일에도 회사일만 하고 집을 돌보지 않는 아버지도 그 가벼운 예라 할 수 있을까. 이런 분열적 상황이 이어지면 사람은 자신의 정신을 지키느라 감정표현불능증에 가까운 심리상태로 도망칠 수밖에 없다.

베이트슨이 부모 자식의 관계에서 바라본 이중구속은 형태를 바꿔서 사회의 온갖 장면에도 있다. 자기가 하는 일이 타인에게 주는 모순, 그것이 만들어 내는 이중구속적인 상황을 자각해야 한다. 서문에서 언급한 베니어판 가구나 날림 공사한 주택 말고도 신경이 쓰이는 사례는 무수히 많다. 외화 예금 CF는 '당신의 자산을 늘려드릴게요'라고 말을 걸지만, 화폐 경제와 실물 경제의 괴리를 인식한 상태에서 그들이 주력하는 것은 물론

운용 자산을 늘려 자사의 이익을 확대하는 것이다. 건강
식이라고 적혔지만 태울 수 없는 플라스틱. 비닐 용기에
담긴 자연식품. 환경문제를 주제로 다루면서 신상품 소
개에 페이지를 할애하는 에코 패션잡지. 건강'적'이고
환경'적'이지만 염치도 없이 본질이 결여된 일들. 그리
고 그런 일에 둘러싸여 살아가는 우리.

　　교육 현장에 있다 보면 '감정을 겉으로 드러내지 않
는 아이들이 늘고 있다'는 지적을 자주 접하게 된다. 분
명 그런 경향을 느끼는 순간이 많다. 하지만 그 원인은
우리 자신이 자기의 일을 통해 사회에 만들어 내는 이중
구속에도 있는 것 아닐까. 그것은 아이뿐 아니라 어른의
정신에도 상처를 주는 게 아닐까.

　　'힐링이 필요해'라거나 '치유된다'라는 말을 빈번
하게 듣지만, 그 말의 뒤편에 달라붙어 있는 마음은 '충
족되고 싶다'이지 않을까? CF이든 잡지 기사이든 캐치
프레이즈는 재치로 가득 차 있으며 멋져 보이고 기대하
게 만드는 것이 많다. 하지만 부풀어 오른 그 마음을 충
족하는 알맹이까지 겸비한 일은 안타깝게도 그리 많지
않다.

　　자연이나 파도 소리·아침을 깨우는 숲의 새·봄에

피어나는 꽃, 그런 자연물에 사람이 치유되는 이유는 그것이 아름답기 때문만은 아니다. 거기에는 '거짓'이나 속임수가 전혀 포함되어 있지 않기 때문이다. 반려동물의 존재도 마찬가지다. 최대한 단순하게 바꿔 보면 '좋은 일'이란 거짓이 없는 일을 가리키는지도 모른다. 르뱅의 빵처럼 알맹이가 가득 찬 일을 접할 때, 그것을 손에 든 사람의 입가에는 자연스럽게 미소가 지어진다. 마음이 충족되기 때문이다.

유르겐 렐의 물건 만들기
현장에 가다

"제가 만드는 것이
'중요'한지 '중요하지
않은지'에 관해 저는
신경 쓰고 있어요."

유르겐 렐(Jurgen Lehl)
1944년생, 일본에 거주하는 디자이너이다. 파리에서
텍스타일 디자인을 배우고 프리랜서 디자이너로 일했다.
1971년 일본으로 넘어와 1973년에 유르겐 렐을 설립.

1998년 2월, 후쿠오카와 고베에 유르겐 렐의 새로운 매장이 오픈했다. 옷뿐 아니라 목제 가구나 식기도 다루는 가게다. 이들 가구는 기존에도 잡지 등에서 그의 삶이 찍힌 사진 한구석에서 볼 수 있었다. 감촉이 좋아 보이는 목제 스툴 그리고 작업장에서도 일상적으로 사용한다는 나무나 도자기로 만든 식기류. 무척이나 섬세하여 본인의 자세에서 느껴지는 인상과 겹쳐지는 유르겐 렐의 상품군은 어떤 사고방식과 일하는 방식에서 태어났을까.

"지금까지도 가게의 디스플레이용으로 테이블이나 스툴·수납장 등을 만들었어요. 그래도 이번에는 가게에 맞추는 것이 아니라 어디에서든 사용할 수 있는 가구를 만들고 싶었죠. 집이든 사무실이든 어디에 놓아도 어울리고 따뜻함이 느껴지는 것을요."

디자이너라는 직업 중에서도 특히 의상 디자이너에게는 생활에 대한 넓은 시야가 느껴질 때가 있다. 때로는 건축가보다도 말이다. 그것은 패션이 '어떤 장소에서 어떤 사람들과 어떤 시간을 보내는가'라는 생활의 전체상을 대상으로 하기 때문일 테다. 의상으로 시작한 브랜드가 음악과 음식 때로는 가구 분야까지 영역을 넓혀 나가는 사례가 많다. 다만 이때 유르겐 렐의 새로운 상품군은 회사의 브랜드 전략으로 기획되었다기보다는 유르겐 씨 본인의 사적인 생활 속에서 태어난 듯했다.

"지금 오키나와에 제 두 번째 집을 짓고 있어요. 새로운 물건도 많이 필요합니다. 그런데 저는 쇼핑을 싫어해서요. 디자이너인 이상 생활에 필요한 물건은 스스로 만드는 편이 좋다고 생각하거든요. 이번 상품은 원래 제 새로운 생활을 위해 만든 거예요. 그래도 그것만 위해서 만드는 것은 아깝기도 하고 일정 수량 이상이 아니면 제조를 의뢰하기도 어렵죠. 그것이 새로운 매장으로 이어졌습니다. 가구나 식기 외에도 수건이나 시트 등 다양한 물건을 만들어요."

의미 없는 일에는 관여하고 싶지 않다

그에게는 인도·인도네시아·태국·한국 등 세계 여러 곳

에 지금까지 함께 일하는 장인들이 있다.

"인도네시아에 저희 옷감을 만드는 곳이 있는데, 그곳에 목공을 할 수 있는 사람이 있기에 '이분들에게도 의뢰해도 될까요?'라고 물어봤어요. 장인들은 총 6명입니다. 통나무로 된 스툴을 원목 상태에서 깎아서 만들려면 물건에 따라 다르지만 대략 2주 이상 걸립니다. 그런 상태니까 아마 매장의 수도 그렇게 늘릴 수 없겠죠. 애초에 많이 만들 수 있는 물건이 아니니까요." 그는 한 신문 인터뷰 기사에서 이렇게도 말했다. "제 디자인을 바탕으로 만들어지는 물건의 양을 생각하면 언제나 복잡한 기분이 듭니다. 미와 관련된 직업 중에서도 부럽다고 느끼는 것은 댄서와 배우예요. 그들은 사람들의 마음에 기억으로 새겨지는 것 외에 무엇 하나 남지 않으니까요."

유르겐 렐의 식당에는 주에 한 번, 이시가키섬에서 채소가 도착한다. 본사를 도쿄 고토구의 사무실로 이전하게 됐을 때, 유르겐 씨는 사장에게 "오가닉 식당을 만들어 주지 않으면 새로운 본사로 가지 않겠습니다"라고 말했다고 한다. 화학적인 것이나 누가 만들었는지 알 수 없는 것은 먹고 싶지 않다는 마음에서다. 사원 대부분이 여기에서 점심을 먹는다.

　"물건을 만드는 이상, 그것이 영원히 존재할 수 있는 완성도로 만듭니다. 적어도 10년 정도는 유지하게끔 만들지 않으면 의미가 없다고 생각해요. 3년이나 5년마다 새로운 물건을 만들고 싶지는 않습니다. 그 시대를 제대로 생각하고 재질도 제대로 고려해서 오래 가는 물건을 만들지 않으면 곤란합니다. 가게의 테이블에 원목이나 돌을 사용하는 이유도 쉽게 망가지지 않고 오래 쓸 수 있기 때문이죠.

　그런데 일본에서는 쉽게 물건을 버리잖아요. 예를 들어 집을 이사하면 방째로 버리고 새롭게 물건을 사서 꾸미는 사람도 많지 않나요? 예전에 그런 장면을 텔레비전에서 보고 깜짝 놀랐습니다. 항상 신경 쓰여요. 애초에 일본 가옥에는 그다지 가구가 많지 않은 것도 이런 감각이 작용하기 때문일지도 모르겠네요."

　하지만 그의 이러한 생각은 고매한 이데올로기 때문은 아니다.

　"그다지 쓰레기를 만들고 싶지 않은 것뿐입니다.

그것 말고는 아무런 이유도 없어요. 좋은 물건이니까 수명을 늘리고 싶은 것도 아니고요. 나무를 자르거나 철을 깎으며 엄청 큰돈과 에너지를 들였으니까 계속 쓸 수 있는 물건이 아니면 만드는 의미가 없습니다. 불과 몇 년을 위해 무언가를 만들어 낸다니, 그만두는 편이 좋죠. 생각하는 것도 아깝고, 저는 그다지 그런 일에 시간을 쓰고 싶지 않습니다(웃음)."

근대의 디자인은 대량생산과 밀접하게 연관되어 있다. 생활 속에 아직 물건이 넘치지 않고 자원이나 쓰레기에 대해 신경 쓰는 사람도 적었던 시대, 디자이너는 미래를 만들어 내는 상징과도 같은 존재였다. 하지만 지금은 어떨까. 많은 디자이너 혹은 무언가 물건 만들기를 지향하는 사람들은 "정말로 필요한 물건은 무엇일까?"라는 질문에 새삼 뜨끔한 느낌을 받지는 않을까.

미의식으로서의 환경문제

색과 감촉 중 어느 것을 중요하게 여기느냐는 질문을 던지자, 다음과 같은 답이 돌아왔다. "색이나 감촉이 어떻다기보다 그 물건 자체가 '중요'한지 '중요하지 않은지'라는 점을 저는 줄곧 신경 씁니다. 제 모든 일에서 물건을 만드는 것 자체가 소중하다는 점 말고 다른 점들은 완전히 사소한 부분이에요. 신경 쓰이지 않는 것들이죠. 둥근 게 좋다거나 네모난 게 좋다거나, 이 색은 예쁘다거나 이 색은 촌스럽다거나, 그런 것은 전부 제멋대로 정할 뿐 이유도 뭣도 없습니다. 정말로 그것은 취향에 불과해요. 그런 이야기로 흘러가기 쉬우니까 디자인이나 유행에 관한 이야기는 싫어합니다. 물론 각각 자신의 취향은 있는 편이 좋죠. 그것은 인간의 본성이니까요.

저한테도 지금까지 삶에서 길러진 취향이 있지만, 그것이 좋다거나 나쁘다거나 하는 판단 요소는 아니에요. 그래도 '이런 것은 만들어서는 안 된다'라거나 '이거라면 만들어도 좋다'라는 판단은 할 수 있죠. 반대로 그것 말고는 아무런 판단도 할 수 없어요.

예를 들어 저에게 색은 완전히 취향입니다. 살아가는 동안 모든 색을 보는 것은 절대로 불가능하죠. 무한한 세계니까 무척이나 재미있습니다. 시즌별로 원하는 색을 찾아요. 하지만 재고 가운데 없으면 새롭게 염색해서 만들죠. 그러면 많은 색이 나와요. 예를 들어 보라색과 갈색 사이에도 다양한 색이 있죠. 조금 더 강렬한 색·투명감이 있는 색…… 등 끝이 없습니다. 말하기 시작하면 끝이 없어요(웃음). 그래도 그런 취향은 다른 사람에게 강하게 어필할 만한 부분이 아니고, 그걸로 싸우는 것도 있을 수 없는 일이죠."

그의 말을 들으며 강하게 든 생각은 생태주의란 이데올로기의 문제가 아니라, 감각의 문제라는 점이다. 환경문제라고 해도 포괄적인 이념이 아니라 무엇을 아름답다고 생각하는가·편안하다고 느끼는가, 하는 세계를 느끼는 방식을 바탕으로 파악하는 것이 중요하다고 깨닫게 되었다.

단 한마디의 단어라 해도 사람의 입을 찢고 나올 때까지는 그 내면에서 때로는 몇 년에 걸친 여행을 한다. 디자인도 물건 만들기도 마찬가지다. 그 사람이 느낀 세계·경험한 사건이 그곳에 결정화된다. "물건을 통해 그것을 만든 사람이 살아 온 경험을 알 수 있습니다. 옷에서도 그 사람의 삶 같은 것을 느낄 수 있어요. 그것은 말과 똑같습니다."

우리가 가게에서 사는 상품은 그저 가구나 식기가 아니다. 유르겐 렐 씨가 만들어 내는 물건의 섬세함이란 그가 살고 느끼는 세계의 섬세함이다. 우리 한 사람 한 사람이 세계의 기록자이자, 서로의 레코드에 바늘을 올린 채 커다란 레코드를 함께 빚어내며 살아가고 있다.

깊게 들어감으로써 보이는 것

"변화가 없으면 가게는 보잘것없어집니다. 생각지도 못한 발상이 연이어 나오지 않으면 곤란해요. 그러니 도구와 환경을 바꾸는 것이 중요합니다. 함께 일하는 장인들도 스스로 즐거움을 찾고 즐길 줄 아는 탄력성 있는 사람이 아니면 길게 가지 못합니다. 또한 서로 잘 맞고 생각하는 방식도 비슷한 인간과 만나는 경우는 그리 많지 않죠. 세계 여기저기에서 일한다는 인상을 받을지도 모르지만, 대개 언제나 같은 사람들과 작업합니다. 사람은 도구와 달리 점차 변화해 나가니까요."

한 점 한 점 손으로 조각해서 만드는 스툴 디자인은 장인에게 어떤 식으로 전해질까. 당연히 도면 같은 것은 그리지 않겠지 머릿속으로 생각하는데, 유르겐 씨는 웃으면서 답했다.

"물론 도면이 있죠(웃음). 전부 제대로 설계도가 있습니다. 휘어지는 각도까지 전부 그려서 보내요. 상품 하나하나 다 다르게 보일지 모르지만, 그것은 장인이나 나무가 다르기 때문입니다.

모형을 만들 때도 있어요. 입으로만 전달하고 나머지는 장인에게 맡기지는 않습니다. 가끔 스케치만 교환해서 만들기도 하지만, 일을 맡기려면 제대로 전달해야 하죠. 제대로 전달하지 않으면 그들은 기계가 만든 것처럼 깔끔하게 좌우 대칭으로 만들고 싶어 하거든요. 하지만 저는 그렇게 하길 바라지 않아요. 구리 작업을 하는 장인은 전에 쌀 찜기나 항아리를 만들던 사람인데, 지금 주로 만드는 것은 복잡한 디자인의 로코코풍 실내 장식품입니다. 장식품 쪽이 더 편해요. 좋은 결과물을 만들지 않아도 어물쩍 넘길 수 있으니까요.

하지만 저와 함께 만드는 것은 그 반대예요. 아무런 장식도 없으니까 작은 실수도 금방 드러나고, 저도 그 사람의 실력을 알 수 있죠. 물론 수제품이니까 매번 완전히 같은 물건을 만들 순 없어요. 역시 다들 조금씩 자연스럽게 달라집니다."

소재와 마주하며 일을 하면 목재별로 서로 다른 개성이 극히 자연스레 드러난다. 인터뷰 후에 도면과 모형을 구경했다. 도면상에는 같은 형태여도 손으로 만드는 이상, 사람이라는 자연이 물건에 딱 좋은 수준으로 다양함을 부여한다. 그는 자신의 작품집 『옷』こ3も의 서두에서 다음과 같이 말한다.

"나뭇잎은 얼핏 보면 전부 같아 보이지만, 가만히 보면 한 잎 한 잎 다르다는 점을 알게 된다. 옷을 위해 만들어진 옷감도 그와 마찬가지로 다시 한번 다양성과 편차 그리고 불균형을 되찾으면 멋지지 않을까."

하나의 경치를 깊게 주시하면 그 안에서 한없는 다양함을 찾아낼 수 있다. 소리도 마찬가지다. '주시하다'·'귀담아듣다'라는 말은 바깥쪽에서의 관찰이 아니라 대상에 대한 몰입감을 표현한다.

"뭐든 깊게 들어가다 보면 점점 세세한 부분이 보이기 시작합니다. 숲에 들어가면 처음에는 단순하게 보이더라도 점차 복잡해지고 다른 것이 보이죠. 그러니까 대단합니다. 음식도 그렇지 않나요? 뭐든 그렇습니다. 그렇기에 시간이 부족해요. 시간이 부족해서 곤란합니다. 저에게 남은 시간이 앞으로 얼마만큼인지 알기에 너무나도 부족합니다."

사실은 자기의 것은 제 손으로 만들고 싶다

텍스타일이나 패션에 그치지 않는 자기의 일을 그는 어떤 식으로 파악하는지 물어보았다.

"제 직업이 뭔지, 그런 것은 그다지 신경 쓰지 않습니다. 저는 그저 물건을 만드는 사람이라고 말하는 것으로 충분해요(웃음). 다만 디자인이라는 말에는 꽤 나쁜 인상이 있습니다. 젊었을 때는 디자인에도 관심이 있었습니다. 하지만 지금은 전혀 없어요. 그것은 어느 날을 경계로 갑자기 바뀐 것이 아니에요. 아마도 물건을 많이 보고 만드는 과정에서 조금씩 바뀌었다고 생각합니다.

저는 음식이나 식사를 만들지 않아요. 그러니 그 대신 무언가 해야만 하죠. 그렇게 하지 않으면 먹을 수 없어요. 사실은 제 식사나 제 주변의 것을 전부 제 손으로 만들고 싶어요. 언젠가 이 일을 그만둘 때가 오면, 그런 삶을 살고 싶습니다. 다들 자기의 일을, 정말로 자기에게 필요한 물건을 만들어 내는 쪽으로 향한다면, 환경에 대한 나쁜 영향도 없어지지 않을까요. 그런 생각을 할 때가 있습니다. 인더스트리얼 디자인이라거나, 그런 이야기가 나오면 정신이 아득해집니다(웃음)."

그는 직접 만든 가구나 식기를 자택뿐 아니라 평소 작업실에서도 사용한다. 생활하면서 쓰려고 만든 것이기에 회사 안에서조차 사용할 수 없다면 처음부터 만드는 의미가 없다고 그는 말한다. 하지만 디자이너 중에서는 자신의 생활과는 완전히 분리된, 그야말로 디자인 잡지를 위한 디자인을 계속해서 하는 사람도 많다. 적어도 지금까지는 많았던 것으로 보인다. 자신이 생활에서 받는 생생한 느낌과는 이어지지 않는 어딘가의 누군가를 위한 디자인. 사람의 눈길을 끄는 프레젠테이션으로서의 일들. 하지만 생활과 연결되지 않은 물건 만들기는 만드는 사람만의 책임이라고는 할 수 없다.

우리는 다양한 '자기의 일'을 그동안 타인이나 기업에 맡겼다. 식사나 세탁 등의 가사를 레스토랑이나 세탁소에, 건강을 병원에, 여행을 여행사에. 그러는 과정에서 한 명 한 명의 살아가는 힘이나 자신감 같은 것이 서서히 약해지는 듯하다. 전체성을 결여한 내가 되어 버리는 것이다. 그리고 자기의 일을 바깥에 위임하여 인생을 공동화空洞化하는 나와, 인생에서 잘려 나와 어딘가의 누군가를 위해 일을 해 나가는 나는 동일 인물이다. 뱀이 자신의 꼬리를 먹는 것 같은 이런 쳇바퀴는 도대체 어떻게 된 일일까.

　　디자이너이든 기업인이든 무엇보다도 근본적으로는 한 명의 생활인이다. 정말로 필요한 것이 무엇인지, 자기에게 중요한 것이 무엇인지, 그것을 판단하는 극히 당연한 감각이 물건을 만드는 사람에게는 반드시 필요하다. "과장된 이야기는 아니에요. 그저 균형이 잡히지 않은 것이 많으니까 저는 될 수 있으면 그런 일에 참여하고 싶지 않습니다. 그뿐이에요."

바바 고시의 장소 만들기 현장에 가다

"지금 사회는 모두가
남의 것으로 남의 일을
하고 있고, 그 결과
아무도 행복하지
않은 것 같아요."

바바 고시(馬場浩史)
22세 때 디자이너 구마가이 도키오(熊谷登喜夫)를 만나
10년 정도 파트너로 일했다. 그 사이 도쿄·파리를 거점으로
삼아 인도·네팔·태국·인도네시아 등에서 물건을 만들었다.
1991년 유세이샤(遊星社)를 설립했고, 1998년에 도치기현
마시코정에서 스타넷을 열었다.
사진: NODERA Harutaka

바바 고시 씨의 업무 범위는 여러 영역에 걸쳐 있다. 1980년대에는 의상 브랜드인 '토키오 쿠마가이TOKIO KUMAGAI'에서 패션쇼와 매장 인테리어·광고 등의 총괄 디렉션을 담당했다. 그 후 유세이샤를 설립하여 갤러리와 매장·이벤트 무대 제작 외에 옷이나 도기 같은 생활용품 디자인에서 제작까지를 다루었다. 직접 흑도黑陶 작품을 만들기도 했다.

스타넷은 도쿄와 도치기현의 모테기정 등에 활동 거점을 둔 바바 씨의 새로운 작업 본거지다. 미리 그려 둔 도면을 따르는 것이 아니라 현장에 앉아서 남아 있는 건축자재를 노려보며 '이 부근에 벽을 세우자'·'여기에는 조명이 필요해' 하는 식으로 조금씩 만들었다고 한다.

"페인트를 칠하거나 볼트로 조이는 실내 리모델링 같은 건 조금 보다 보면 누구든 할 수 있어요. 다만 흙벽은 혼자서는 쌓을 수 없으니 전에 경험한 적 있다는 근처 농가 분들께 도움을 받았습니다. 전에 일로 만난 미장 장인에게 배운 기술도 활용하면서요."

바바 씨는 도쿄 아자부의 자택과 부인인 와코 씨가 운영하던 에비스의 갤러리를 처분하고 본격적으로 이곳으로 이사했다. 마시코정이라는 마을을 택하게 된 경위는 무엇이었을까.

"10년 전에 마시코정의 도예 갤러리에서 엽서를 받고는 훌쩍 놀러 온 적이 있어요. 그때 만난 한 아티스트를 방문했다가 모테기정이라는 훌륭한 장소를 만나게 됐죠. 그것이 시작입니다. 옆 마을이기에 이곳과 비슷한 환경이에요. 높지는 않지만 잡목이 자라는 깊은 산과 계단식 밭이 있고, 들판이 깨끗하게 정돈되어 있죠. 조엽수림대의 최북단으로, 수렵과 채집으로 살아갈 수 있을 것 같은 조몬 시대* 같은 면도 있어요. 지질도 좋고 자연도 풍부한 데다가 생생하고요. 원풍경이라고 할까, 이상적인 경치가 그대로 남아 있습니다.

그 무렵 저는 10년 정도 제가 생활하면서 일도 병행할 수 있는 장소를 계속 찾았어요. '여기야!'라고 생각해서 지어진 지 300년 된 민가를 빌려서 살 수 있게끔 고친 후에 도쿄와 모테기정 사이를 오가기 시작했어요. 다만 모테기정은 바깥을 향해 열려 있는 장소가 아니기에

---

* 기원전 1만 4900년부터 기원전 300년까지를 일컫는 일본의 시대 구분―옮긴이

일하는 데 한계가 있었죠. 역시 조금 더 퍼블릭하고 외부와 접촉할 수 있는 장소가 필요했어요. 그래서 4년 전부터 마시코정에서도 장소를 찾기 시작했죠. 그러다가 이곳을 만나서 바로 결정했습니다.

마시코정은 깊은 곳이에요. 안쪽 깊은 곳에서 재미있는 사람이 계속해서 튀어나오거든요. 민예운동의 영향일까요. 아까 인사한 동네 분께도 무농약 채소 기르는 법·순환형 농업 등 다양한 것을 배우고 있어요. 큰길가에 있는 선물 가게 같은 곳만 보다 보면 마시코정의 진짜 모습은 알 수 없죠."

몸도 작업 환경이다

바바 씨의 기본은 몸으로 느끼는 편리함이나 편안함을 만드는 것에 있다. 색이나 형태 같은 시각적인 편안함이 아니라, 보다 직감적이고 전촉감각적인 작업을 지향한다.

"본래 쪽 염색이란 살무사를 쫓으려고 시작된 거죠. 쑥도 몸에 바르면 벌레를 쫓아주고, 잇꽃은 냉증에 좋다고 하고요. 그러니 주술적인 면이나 약효 쪽이 먼저고, 색이라는 취향은 꽤 나중에 생긴 인식이라고 생각해요. 물론 형태도 그렇죠. 나중에 온 거예요. 작업의 기본은 역시 '몸'이라는 안테나에 있죠.

예를 들어 음식도 혀에 맛있는 것이 아니라 다음 날의 몸 상태가 좋을지 어떨지를 신경 써요. 그것도 먹기 편안한지 여부와 관련되어 있죠. 입는 옷도 한없이 피부에 가까운 느낌이 좋아요. 물론 거주하는 곳도 마찬가지고요. 색이나 형태가 이렇다 저렇다 할 만한 게 아니에요. 새가 둥지를 만드는 듯한 느낌이 이상적이지 않을까요. 새의 둥지는 꽤 잘 만들어져 있죠. 그건 절대로 디자인할 수 없어요.

새의 둥지를 보거나 조몬 시대의 토기를 접하다 보면 겉모습에 중점을 두지 않는 물건을 만들었구나, 하고 강하게 느껴집니다. 그런 것들은 모든 감각을 사용해서 만들어져 있죠. 이런 식으로 귀든 코든 피부든 그런 감각적인 판단으로 다가서지 않으면 안 됩니다. 그런데 세상의 많은 물건은 시각적인 정보 안에서만 이루어지죠."

북아메리카 원주민의 성인 의식(비전 퀘스트) 중
하나가 '자신의 장소를 찾는다'라는 것이라고 언젠가 들
었다. 아버지가 아이를 밤에 산으로 데리고 가서 "산속
에서 본인에게 편안한 장소를 찾아서 그곳에서 하룻밤
을 보내고 아침이 되면 내려와라"라고 명하고, 모포와
물을 건네고 헤어진다고 한다.

　　그날 밤, 아이가 찾아내는 것은 아마 단순한 장소가
아니라 '어떤 장소를 내가 편하게 느끼고 안심할 수 있
는가'라는 가치관의 시작점일 것이다. 그 기준이 명확하
면 인생의 온갖 장면에서 분명 그것이 작용할 테다. 미
래에 집을 세울 장소를 고를 때는 물론, 인간관계의 한
가운데에 있을 때도 말이다.

　　나는 어떤 장소를 기분 좋게 느끼는가. 그 판단력이
없다면 기분 좋은 장소를 만들어 내는 것도 불가능하다.
무언가를 만드는 작업은 무수한 판단의 축적이다. 만약
만드는 이가 자신의 판단력에 자신감을 잃으면 도대체
무엇을 만들 수 있을까. 그 판단을 자기가 아니라 외부
에서 구하는 것의 예시가 바로 마케팅 조사를 중심으로
한 상품 기획일 것이다. 하지만 바바 씨의 작업은 철두
철미하게 자기 자신의 내면으로 파고 들어간다.

"저는 문득 떠오른 이미지를 스케치하고 거기에서 스토리를 빚어내는 식으로 작업합니다. 그러니까 무언가가 떠오르지 않는 한 아무것도 할 수 없어요(웃음). 떠오르는 상황으로 나 자신을 끌고 가려면 이것저것 해보는 수밖에 없죠. 산속 오두막에 들어갈 때도 있고요. 어느 무대의 연출 스토리를 만들었을 때는 태국의 작은 섬에 들어갔어요. 바닷가의 방갈로를 빌려서 그곳에 2주 정도 머물렀죠. 첫 일주일 동안은 매일 섬에 사는 남자아이에게 코코넛을 두 개씩 가져다 달라고 해서 빨대를 꽂아서 마셨어요. 코코넛만 입에 대는 약간의 단식이었죠. 딱히 공복감도 없었고, 사흘 정도가 되자 몸 안이 무척이나 깨끗하게 씻겨 내려가 완벽하게 파도 소리에 튜닝되기 시작합니다. 그렇게 되면 제가 이제 '그저 존재한다'라고 느끼게 됩니다.

그러는 가운데 몽상하다 보면 다양한 기억이 열려요. 스케치북을 가까이 두고 테라스에 나가서는 그런 풍경을 계속해서 죽죽 그립니다. 그런 것을 스크랩해서 돌아온 후에 재편집해서 하나의 스토리로 만들죠. 그런 식으로 작업합니다.

잡목으로 가득한 산을 걷는 것도 꽤 중요해요. 지금

의 저로서는 무척이나 그래요. 바람이 쏴아아 불면 새가 휙 하고 날아오죠. 무언가 커다란 것이 연쇄적으로 움직인다는 사실을 알 수 있어요. 신기한 감각이지만, 전체가 이어져 있다는 점을 실감할 수 있습니다. 다양한 것을 배울 수 있고요. 산이 건네주는 정보는 이른바 책이나 텔레비전·신문 등의 정보보다 대단합니다."

바바 씨의 이야기를 들으면서 몸이 작업의 중요한 환경이라는 사실을 깨달았다.

"역시 몸을 포함해서 작업 환경 전부가 무척이나 중요해요. 몸이 좋은 상태가 아니면 좋은 발상은커녕 발상 그 자체를 할 수 없고, 생각이 찌부러지고 말죠. 예를 들어 배가 가득 차 있으면 바람이 피부를 스쳐 지나가는 느낌이나 뒷산의 냄새 같은 것도 알아차리지 못합니다.

도시에서는 주변이 정보로 가득 차 있기에 언제나 감각을 닫은 채 둔감한 상태로 있지 않으면 견딜 수 없죠. 하지만 저는 항상 몸을 깨끗한 상태로 유지하고 싶어요. 제가 건강하지 않으면 다른 사람에게 상냥하게 대할 수도 없고요.

저도 과거에는 먼 서양을 동경하던 때도 있었고 아시아를 돌아다녀 본 시기도 있었어요. 그래도 역시 결론은 서양은 아니었고 그렇다고 아시아도 아니었어요. 그보다는 개인적인 면을 추구해야 한다고 생각해요. 저는 제 개인적인 면을 제대로 파고들어서 하나하나의 형태로 만들고 싶어요. 딱히 만 명을 상대로 하지 않아도 좋은 것 아닌가요?

제가 만드는 물건은 저에게 필요하니까 만드는 거예요. 이 찻잔도 그저 팔려고 만든 것이 아니라 우선 제가 사용하고 싶고 카페에서 사용하고 싶어서 만들었죠. 목적은 확실합니다. 그렇지 않으면 저는 물건을 만들지 못해요. 제가 입고 싶다거나 하는 것이 중요합니다. 제가 원하는 것을 조금 더 만들어서 '마음에 드는 사람이 있다면 부디 써 주세요' 하는 스타일이에요. 조금이라도 물건을 많이 만들어 팔고자 하면 가장 쉽게 바꿀 수 있는 부분을 건드릴 수밖에 없지 않나요? 하지만 그렇게 하면 확실히 목적을 잃게 되죠."

개인을 깊게 파고 들어감으로써 어떤 종류의 보편성에 도달하는 것. 자기의 밑바닥 쪽의 벽을 허물고 다른 사람에게도 가치가 있는 무언가를 전하는 일은 창작에 관여하는 사람 모두의 과제다.

다른 곳이 아니라 자신의 발밑에 쌓아 올린다

"자기 몸에 더욱 가까운 발밑에 다양한 것을 쌓아 올려 나가는 것이 중요합니다. 지금 사회는 모두가 남의 것으로 남의 일을 하고 있고, 그 결과 모두가 행복하지 않은 것 같아요.

제 이상은 인간이 하루에 걸을 수 있는 반경 40킬로 정도의 범위에서 채소나 물처럼 필요한 것을 손에 넣고 그 지역 안에서 순환하는 거예요. 우리 주변의 의식주처럼 극히 작은 것의 맞물림이 바로 문화라고 생각합니다. 생활양식은 점차 변화하고 사용하는 도구도 달라지죠. 하지만 적어도 그 장소나 그 필드에서 생각하는 것이 매우 중요해요. 여기는 온 정신을 쏟아 관계를 맺고 싶은 곳이에요. 저는 이곳에서 하고 싶은 일이 많아요. 이곳의 재료를 이용해서요.

지금 제가 입은 옷은 15년 전에 인도에서 만든 거예요. 하지만 뭔가 아니라는 생각이 들어요(웃음). 역시 그쪽에서 가져오는 건 뭔가 아닌 것 같아요. 이곳에서 새로운 식문화 제안도 하고 있지만, 역시 프랑스 요리나 이탈리아 요리가 아니에요. 그건 몸에도 그렇게 좋지 않죠.

여기에서도 면화 재배는 할 수 있으니 농가에 말해 보려고요. 기념품이 아니라 좀더 생활에서 사용할 수 있는 것을 만들고 싶어 하는 사람이 분명 있을 거예요. 일본은 앞으로 외화도 부족해질 테고 벌써 경제력도 저하되고 있어요. 그럴 때 우리 주변의 생활을 만들어 내는 힘은 극히 중요해질 거예요. 지금부터 준비해 두지 않으면 사라져 버립니다. 농업과 공예 같은 것은 살아가는 데 필요한 최소한의 것이니까요."

인터뷰를 마치고 밖에 나오자 저물녘 하늘에 새하얀 보름달이 떠 있었다.

"이곳을 시작으로 주변을 전부 좋은 환경으로 만들어 나가고 싶어요. 빵을 굽는다거나 벌꿀 또는 밀랍을 채취하는 식으로요. 말차와 디저트를 먹을 수 있는 찻집이나 책방·음반 매장도 만들어 보고 싶고요. 우선 찾아와 주는 사람들과 함께 좋은 시간을 보내는 것부터 시작해야죠."

지금 스타넷은 건물도 증축했고, 바바 씨는 시간을 들여 당시의 마음을 착실히 펼쳐 나가고 있다. 인근 농원에서 딸기 재배도 하고 양봉에도 착수했다. 사람들이 단기 체류하며 작업할 수 있는 스튜디오도 만들 예정이라고 한다.

파인몰드의 프라모델 제작 현장에 가다

" 바보처럼 마음껏
고집스러운 일을 하는
편이 좋습니다."

파인몰드(finemolds)
아이치현 도요하시시의 작은 프라모델 메이커로 구 일본군
전투기에서 스타워즈 시리즈까지, '마니아에 의한 마니아를
위한 제품 개발'을 목표로 한다.
http://www.finemolds.co.jp/
사진: MIZUTANI Fumihiko

프라모델을 만들어 본 적 있는가. 특히 최근에는 어떤가. 과거 물건에 따라서는 몇십만 개씩 팔리던 프라모델도 지금은 비디오게임에 밀려서 시장이 한때의 10분의 1 정도로 줄었다. 아이든 어른이든 프라모델처럼 시간과 수고를 들여 즐기는 오락에서는 꽤 멀어졌다.

그러는 가운데, 1999년에 아이치현 도요하시시의 한 작은 프라모델 메이커 '파인몰드'에서 히트 상품이 나왔다. '비행기 사보이아 S.21'. 미야자키 하야오 감독의 영화『붉은 돼지』에서 주인공인 포르코 로소가 조종간을 잡은 비행정이다. 백화점 등의 매장에도 완성 모형이 장식되었고 평소에는 프라모델과 연이 없던 많은 이도 구매했다고 한다.

최근 들어 모형의 세계는 데스크톱 모델이라고 불리는 고가의 완성품을 사는 스타일이 정착되었다. 하지만 본래 프라모델의 가치는 물건 자체보다 물건을 만들어 가는 과정의 풍족함에 있다. 상자 안에 들어 있는 것은 단지 플라스틱 부품이 아니라 부품을 완성된 형태로 만드는 작은 여행이다.

　파인몰드가 마니아의 벽을 넘어 히트작을 낸 배경에는 미야자키 하야오의 영화에 대한 폭넓은 인기도 분명 영향을 끼쳤으리라. 하지만 그와 동시에 프라모델 마니아의 '이것을 만드는 시간을 즐기고 싶다'는 마음에 파인몰드는 어떻게 화답했을까.

대형 프라모델 메이커에서 옮겨 온 청년

'사보이아 S.21'을 담당한 사람은 파인몰드에 들어와 당시 3년 차이던 가미야 나오히코神谷直彦 씨(1969년생)다. 고등학생 시절, 구멍이 날 정도로 모형 잡지를 들여다보며 지냈다는 가미야 씨는 대학 시절에 잡지에 자신의 작품이 소개되기도 하고 원고 의뢰도 받았다고 한다. 하지만 그에게 모형 마니아라는 인상은 그렇게 강하게 느껴지지 않는다. 자신의 흥미를 좇아 달려 온 사람에게 공통된 청량한 미소를 지닌 호감형 인물이었다.

　그런 그가 대학 졸업과 동시에 취직한 회사는 많은 사람이 어렸을 때 한번은 접한 적 있는 '반다이'라는 대형 프라모델 메이커였다. 스스로 길을 개척하며 '좋은 프라모델이란 어떤 것인가'를 체현해 온 그 회사는 프라모델 만들기에 관여하는 모든 사람의 정신적 지주이자 그들이 동경하는 직장이기도 하다. 하지만 가미야 씨는 그곳을 불과 4년 만에 퇴직했다. 대학 시절을 보낸 도요하시로 돌아와 파인몰드라는 작은 프라모델 메이커에서 일하기 시작했다.

"그 회사에 환멸을 느낀 것은 아닙니다. 다만 무척이나 커다란 조직이기에 철저하게 분업이 이루어졌어요. 각각의 업무 수준은 무척이나 높았지만, 설계한 사람의 마음이 충분히 전해지지 않은 채 도면만이 금형 공정으로 흘러가거나 했죠. 어떻게 해도 뒤죽박죽인 상황이 눈에 차츰 들어왔어요."

파인몰드는 어렸을 때부터 모형 만들기를 좋아했다는 스즈키 구니히로鈴木邦宏 씨(1958년생)가 수년간 금형 제작 기술을 갈고 닦은 후, 자기자본 10만 엔으로 시작한 개러지 컴퍼니다. 자택 단칸방의 취미용 선반旋盤에서 시작해서 대략 10년에 걸쳐 현재의 사옥이 있는 회사로 성장했다.

가미야 씨에게 파인몰드와 대형 프라모델 메이커

반다이는 무엇이 달랐을까. 기획에서 생산까지 최대한 외주에 의지하지 않고 사내에서 오롯이 소화하는 점 그리고 실제 치수를 바탕으로 한 스케일 모델*을 지향하는 면에서는 양사에 뚜렷한 차이는 없다. 오히려 프라모델 메이커로서는 공통된 경향을 가진 회사다. 하지만 반다이에 약 500명의 직원이 있는 것에 비해 파인몰드의 직원은 단 6명뿐이다. 그 현장에서는 서로가 무엇을 생각하며 무엇을 만드는지, 자기는 지금 어떤 파트를 담당하는지처럼 일의 전체상을 극히 자연스레 파악할 수 있다. 스즈키 사장은 이렇게 말했다.

"10명을 넘기면 안 돼요. 그러면 매출도 의식해야만 하거든요. 좋아하는 것을 계속하고 싶다면 회사는 크게 키우지 않는 편이 좋죠. 6~7명 정도가 딱 좋지 않을까요."

파인몰드로 옮긴 가미야 씨는 우선 금형 현장을 2년 정도 경험했다. 병행하여 프라모델에 동봉하는 설명서를 만들거나 박스 포장을 하고 영업하러 도매상을 도는 등 일련의 모든 업무를 경험했다. 작은 회사에서는 스스로 그렇게 할 수밖에 없다. 그러는 가운데 우연히 '붉은 돼지 사보이아' 프라모델을 파인몰드가 제작하게

---

* 사물의 크기와 비례를 유지하며 축소된 정밀 모형 — 옮긴이

되었고, 가미야 씨는 고민하지 않고 담당을 맡고 싶다며 손을 들었다.

하늘을 나는 '붉은 돼지'를 만들다

조금 마니악한 이야기지만 영화 『붉은 돼지』에 나오는 사보이아 S.21은 미야자키 감독이 창작한 가공의 비행정인데, 그 토대는 마키 33이라는 레이스용 비행정이다. 가미야 씨는 미야자키 감독과 마찬가지로 타고난 비행기 마니아다. 많이 팔 수 있는 캐릭터 상품을 만들고 싶어서 손을 든 것은 아니라는 말이다. "저는 1920~1930년대 비행기를 무척 좋아해요. 당당하게 그것을 만들 기회였어요."

그런 가미야 씨로서는 그저 애니메이션을 입체화했을 뿐인, 실제로는 날 것 같지 않은 모형을 만들 수는 없었다. '이것은 하늘을 날 거야!'라고 자기가 수긍할 수 있는 사보이아를 만드는 것이 대전제였다.

현실의 비행기 설계에서 가정 먼저 결정하는 것은 무엇보다 엔진이라고 한다. 그는 원작에 적힌 '이소타 프라스키니/600마력 엔진' 관련 자료를 찾기 시작했다. 엔진의 상세 사항을 알게 되면 그것을 단서로 세부를 채울 수 있기 때문이다.

파인몰드의 서고는 특기 장르가 서로 다른 직원들이 공유하는 마니악한 자료의 보고다. 가미야 씨는 이소타 엔진이 또 다른 엔진의 노크다운* 버전이라는 사실을 찾아냈다. 나아가 조사를 거듭한 결과, 동형 엔진이 미쓰비시 중공업에서 라이선스 제작되었다는 사실도 알게 되었다. 곧장 연락을 취해 당시의 실측 도면과 취급설명서의 복사본을 입수할 수 있었다고 한다.

이렇게 적으면 간단하지만, 이 사이에 그가 들인 시간은 약 1개월. 포기하지 않고 꾸준한 작업을 거듭한 결과다. 엔진이 정해진 후에는 회화적인 균형감을 고려하면서 카울링**의 형태를 만들었고, 공기역학적인 균형을 바탕으로 기체의 길이와 폭을 정했다.

실제로 날 수 있는 비행정으로 검증을 마친 도면을 가지고 미야자키 감독을 방문하자, 감독은 "약간만 더 뒤쪽을 늘리는 편이 좋겠다"라는 의견을 내며 도면에 아주 약간의 선을 더해 주었다고 한다. "나중에 수직 꼬리날개의 곡선에도 약간 수정을 가해 줬어요. 정말로 사

---

* 완제품을 만들지 않고 부품 상태로 수출하여 현지에서 조립하여 완제품을 만드는 방식 — 옮긴이
** 항공기 엔진 덮개 — 옮긴이

소한 미세 조정이었는데, 그대로 해 봤더니 확실히 더 멋있어지더라고요."

완성된 도면을 금형 담당인 스즈키 씨에게 넘긴 후부터는 프라모델에 동봉하는 설명서를 작성하고 외부 디자이너에게 박스 디자인과 관련한 지시를 내리는 등 최종적인 상품의 전체 형태를 정리해 나갔다.

금형 공정으로 넘어간 프라모델 만들기는 가장 중요한 국면에 접어든다. 파인몰드의 작업 특징은 지금까지 쌓인 전 제작 단계의 작업 경험과 최대한 외주를 사용하지 않는 사내 일괄 생산에 있지만, 그중에서도 가장 중요한 단계가 금형 공정이다. 금형 제작 기술을 내부에 보유하는지 아닌지는 프라모델 메이커의 업무 전체를 좌지우지하는 요소라고 한다.

"금형의 3차 곡면은 아직도 기계공작으로는 완성할 수 없는 장인의 수작업이에요*. 이 공정만으로 3~4개월은 걸려요. 외형은 와이어로 만들 수 있지만, 최종적인 곡면은 정으로 깎아내거나 줄로 연마할 수밖에 없거든요. 기술을 익히는 데 필요한 시간은 최소 5~6년이고, 10년을 배워도 못하는 사람도 있죠. 가령 정확한 도

* 2008년 기준, 금형 제작은 3차원 CAD CAM으로 행한다. 데이터를 바로 출력하는 대형 가공 기계나 최신형 레이저 가공기의 도입 등 파인몰드의 제작 환경은 크게 바뀌었다. 필요에 따라 최종 단계에서 수작업을 더하는 일도 있다고 한다.

면이 있더라도 모형을 모르는 사람이 작업하는 건 도저히 불가능해요. 정말로 감각과 기술이 요구되는 일이에요"라고 스즈키 씨는 말했다. 가미야 씨도 덧붙였다.

"외주 금형 회사는 이렇게 좋은 건 못 만들어요. 열 개를 요구해도 하나도 들어 주지 않을 겁니다."

금형 제작이 시작되고 4개월 후, 완성된 '붉은 돼지 사보이아'는 실제 기종으로서의 물리적 특성과 애니메이션의 인상을 절묘하게 조합한 균형감 있는 상품이 되었다. 마니아들에게서는 "과연 파인몰드! 비행기에 관해 잘 아네!"라는 칭찬을 받았고, 미야자키 애니메이션의 팬들은 "영화의 이미지랑 똑같네요!"라며 기뻐했다. 그 결과 서두에 적은 것처럼 크게 히트한 것이다.

'만드는 이의 마음'이라는 품질

작은 프라모델 하나에 상상할 수 없을 양의 지식과 고도의 기술이 투입된다는 사실을 새삼 알게 되어 솔직히 깜짝 놀랐다. 비행기를 둘러싼 역사적인 박식·엔진이나 공기역학에 관한 지식·그 상세 사항을 조사하는 네트

워크와 작업량 그리고 전문 기술. 스즈키 씨는 이렇게도 말했다.

"애초에 모형이란 생활필수품이 아니죠. 저희 같은 일이 없어진다고 해서 아무도 곤란해하지 않을 거예요. 그렇기에 오히려 만드는 측이 즐기지 않으면 공허해질 뿐입니다. 애당초 놀이의 세계니까 바보처럼 마음껏 고집스러운 일을 하는 편이 좋아요.

제 출발점은 개러지 키트예요. 발포 우레탄에 실리콘을 흘려 넣고 소량의 키트를 만들었죠. 대형 메이커도 같은 식의 공정을 따르는 상품을 출시했지만, 그것을 개러지 키트라고 부를 수는 없죠. 개러지 키트라는 것은 '자기가 원하는 것을 만든다'라는 이상에 있다고 생각하거든요.

빌 게이츠도 스티브 잡스도 자기의 컴퓨터를 원했던 거잖아요. 저희 일도 뿌리는 같기에 저희 마음대로 내키는 대로 하고 있어요. 진짜로 만들고 싶어서 만들었다는 점을 제대로 알아 주는 고객이 있으니까요."

회사가 성장함에 따라 스펙상의 품질은 대개 올라간다. 하지만 이때 반대로 내려가는 다른 품질이 있다. 그것은 '무슨 일이 있어도 이건 꼭 만들고 싶어!'라는 만드는 이의 마음의 신선도다. 물건이 아무리 충족되어 있어도 풍족함이 실제로 잘 느껴지지 않는 이유는 이런 단순한 부분에서 나오는 것은 아닐까.

스즈키 씨도 말한 것처럼 모형은 분명 생활필수품은 아니다. 하지만 절대적으로 필요한, 그 존재 의미가 처음부터 약속된 물건이 이 세상에 얼마나 있을까. 당돌한 비유일지도 모르지만, 예를 들어 꽃을 피우는 일은 생활에 필수는 아니다. 하지만 그것을 의미 없다고 말하는 쪽이 의미가 없으며, 꽃을 피우고자 생각하는 마음에 존중할 만한 가치가 있다. 마찬가지로 물건의 가치도 결국 그것을 '만들고 싶다'라는 순수한 마음에 달려 있는 것 아닐까. 파인몰드의 일을 구경하면서 그런 생각을 했다.

'바보'가 된다?

앞서 소개한 게임 프로듀서인 미즈구치 데쓰야 씨가 사회를 맡은 한 공개 토론에 참석했다. 게임 시나리오 작가인 이노 겐지飯野賢治 씨나 미디어 아티스트인 이와이

도시오岩井俊雄 씨, 크리에이티브 디렉터인 우치야마 고시內山光司 씨 등이 한자리에 모인 토론으로, 애니메이터인 모리모토 고지森本晃司 씨도 그 자리에 함께했다. 다들 높은 완성도가 느껴지는 일을 수없이 담당한 사람들이다. 때로는 '이렇게까지 하는 건가'라는 생각이 들 정도로 그들의 일에는 세부적으로 공이 들어가 있기에, 그것을 접하는 우리는 기쁨을 느낀다.

그 높은 완성도는 80퍼센트 정도 일이 완성되더라도 만드는 이가 '아직 부족해', '아직 다 못 만들었어'라고 느꼈다는 사실을 우리에게 말해 준다. 그것은 그들의 완성품에 대한 기준이 이상할 정도로 높기 때문이다.

토론 마지막 질의응답 시간에 "여러분은 자기의 일에 대한 해상도를 높이려고 무언가 노력하는 것이 있나요?"라는 질문을 던져 봤다. "진짜 체험을 하고자 일상적으로 노력한다"라거나 "내 안의 부족한 부분을 항상 잊지 않는다" 같은 답이 돌아오던 와중에 모리모토 씨는 다음과 같이 답했다. "제가 점점 더 바보가 되고자 노력하는 거예요. 바보가 되는 것을 소중히 여기죠. 물론 저뿐만이 아니라 바보가 될 줄 아는 사람에 대해서도요."

바보라는 단어에 '좋은 의미에서'라는 수식어는 난

센스일지도 모르지만, 실례를 무릅쓰고 말하자면 분명 모리모토 씨는 '바보'일지도 모른다. 그가 그동안 다룬 애니메이션은 의미나 기능을 넘어선 움직임의 매력으로 넘친다. 영상의 내용보다 움직임 그 자체의 기분 좋음에 의식이 쏠릴 정도로 세부 사항에 대한 고집으로 가득하다.

바보가 하는 일이 멋진 이유는 그것이 무상으로 하는 일이라는 점에 있다. 거기에는 자기 증명조차 없다. 2부의 제목이기도 한 '자기의 일'이라는 말에서는 자아의 확립이나 자기실현과 같은 주제가 연상될지 모르지만, 어떤 의미에서는 자아나 자기 같은 것은 작은 틈 같은 것에 지나지 않는다. 2부의 서두에서 언급한 사토 마사히코 씨나 미야타 사토루 씨의 에피소드는 개인적인 깨달음을 계기로 자기 자신을 넘어서서 커다란 전체로 이어지는 감각의 단서로서 소개했다. 물론 개성적이어야 한다는 식의 이야기는 하지 않았다. 가만히 내버려둬도 자연스레 나오는 것이 개성이다. 무상이라는 점은 목적성이 없다는 말도 된다. 칭찬하는 마음을 담아 바보라고 적은 마음을 표현하고자 미하엘 엔데의 말을 곁들이고 싶다.

"어떤 일이든 너무 많은 의도를 가지고 해서는 안 됩니다. 세상만사에는 그야말로 의도하지 않은 곳에 그 가치가 있는 케이스도 있으니까요. 왜냐하면 가치는 그것 자체 안에 있기 때문입니다. 인생에는 그것 자체로 가치 있는 것이 무척이나 많습니다. 경험이란 무언가 다른 것에 도움이 되기에 중요한 것이 아니라 그저 존재하는 것만으로도 중요합니다. (······) 나무를 심는 것은 사과가 필요해서가 아닙니다. 그저 아름답다는 이유만으로 심을 때도 있죠."

앞뒤를 따지지 않는 사람은 '바보'로 불리기 쉽다. 하지만 미래는 지금 순간의 누적 말고는 아무것도 아니다. 가장 지루한 바보란 지금 바로 시작하면 되는 일을 '내일부터'·'내년부터' 하며 미루는 사람이다. 현재 충실함을 쌓아 나가는 것이 무엇보다 중요한데도 우리는 많은 것을 뒤로 미루곤 하며, 지금의 행복보다 미래의 행복에 중점을 두기 쉽다.

임상 철학을 제창하는 와시다 기요카즈鷲田淸一 씨는 근대의 산업주의적인 가치관의 특징을 언제나 미래를 향하는 시간 감각으로 설명한다.

"가령 기업에서의 일을 생각해 보죠. 한 사업project

을 시작할 때, 우선 이익profit을 예상prospect합니다. 그 예측이 완성되면 계획program 세우기에 들어갑니다. 그리고 드디어 생산production에 돌입하며, 물건이 판매되면 약속어음promissory note으로 결제를 받습니다. 그리고 이 사업이 전체적으로 회사의 발전progress에 공헌한 것이 명확해지면 담당자에게는 승진promotion이 기다립니다. 과할 정도로 'pro'가 나열되어 있죠. 'pro'란 라틴어의 접두사로 '앞'이나 '미래' 혹은 '미리'를 의미합니다. 이처럼 우리는 미래의 결제를 전제로 그 준비를 하는 방식으로 지금 무엇을 해야 할지 생각합니다."(『미사이 메거진』MeSci Magazine Vol.3, 2003, 일본과학미래관)

파인몰드의 스즈키 씨이든 모리모토 씨이든 그들의 일이 지닌 매력의 원천은 일하는 가운데 만드는 사람 본인이 느끼는 기쁨과 쾌감에 있다. 또한 그 일의 감각은 '언젠가'가 아니라 지금 이 순간을 향한다. 그들은 일에서 '지금 이 순간의 나'를 소외시키지 않는다. 자기가 다른 누군가가 아닌 자기이기 때문에 그 일이 가치를 가진다는 점을 잘 안다. 이런 일은 쾌락적이며 또한 본인뿐만 아니라 타인도 소외시키지 않는다.

부탁받지 않았는데도 하는 일

'자기의 일'이라는 주제와 관련하여 마지막으로 이탈리아와 일본의 디자인 작업을 비교해 보고 싶다. 무척이나 알기 쉬운 대비가 보이므로 디자인을 제외한 일에도 힌트가 될 것이다.

디자인이라는 일의 본질은 물건의 형태를 만드는 것보다는 오히려 '제안'하는 쪽에 있다. 디자인 작업은 클라이언트에게 의뢰받는 것이고, 그렇지 않은 것은 작품이나 예술이라고 부르는 편이 어울린다고 생각하는 사람도 있겠지만 결코 그렇지 않다.

역사를 조금 거슬러 올라 보자. 디자인의 태동기, 예를 들어 윌리엄 모리스William Morris*에서 바우하우스·모던 디자인까지 약 100년간을 들여다보면, 거기에는 누군가에게 의뢰받지도 않았음에도 무언가를 계속해서 만들던 무수한 선구자들이 있다. 모리스의 초서 저작집에도, 마르셀 브로이어Marcel Breuer의 와실리 체어에도, 찰스 임스의 DCM 체어에도, 클라이언트는 존재하지 않는다.

---

* 1834~1896년. 자본주의사회 발전기의 영국에서 수작업의 가치를 다시 제안하는 '아트 앤드 크래프트 운동'을 전개했다. 기계 산업에 의한 대량생산을 반박하는 그의 작업은 근대 디자인의 틀 바깥에 있다.

이들 일에서 디자인이란 극히 개인적인 아이디어를 구체적인 형태로 세상에 제안하는 행위였다. 기업의 의뢰를 받아 그 경제 활동을 미적 측면에서 지원하는 방식으로 디자이너가 일한 것은 주로 세계대전 이후, 불과 약 반세기 동안 자본주의 경제가 발전해 가는 과정에서 형성된 디자이너상에 불과하다.

그 스타일이 가장 극단적으로 나타난 나라가 일본이다. 그리고 마찬가지로 근대 디자인을 발전시키면서 일본의 정반대 위치에 있는 나라가 내가 아는 한 이탈리아이다. 기업 사회의 현상을 둘러싼 일본과 이탈리아의 차이는 실로 대조적으로, 디자인 제품을 둘러싼 차이 대부분도 틀림없이 거기에서 기인한다.

이탈리아는 무수한 중소기업으로 구성된 사회다. 하나하나의 시장 규모가 작게 유지되며 지금에 이르렀다. 이 나라의 기업 대다수는 가족 경영이다. 국영기업 수준으로 규모가 큰 피아트Fiat나 올리베티Olivetti 등을 제외하면 직원 수가 300명이 넘는 기업은 드물고, 대다수 회사는 사원이 5명 정도이거나 많아도 십여 명에 불과한 중소기업이다. 세계적으로 유명한 조명 기구 메이커가 불과 15명으로 운영되기도 한다. 사장이 있고, 그

DCM 체어

밑으로 영업과 재고 관리 그리고 소규모의 제조 부문이나 조립 부문으로 구성되는 이탈리아의 메이커는 거의 예외 없이 사내에 디자인 부서를 두고 있지 않다. 상품 기획은 계약을 체결한 외부 아트 디렉터를 중심으로 진행되며, 디자이너는 각 기업과 프로젝트 단위로 일한다.

이와 같은 배경이 있기에 이탈리아의 디자이너 대부분은 대학을 졸업한 순간부터 프리랜서가 된다. 기업 대다수는 전속 디자이너를 고용하지 않는데다 유명한 디자인 사무소의 자리에도 제한이 있기 때문이다. 따라서 그들은 언제나 자신의 디자인을 기업 또는 아트 디렉터에게 제안하며 일할 기회를 스스로 만들어 낸다.

건축을 디자인의 정점으로 여기는 전통도 있기에 제안 내용은 그래픽에서 가구 혹은 상품이나 자동차까지 카테고리의 틀을 넘어서 생활 전반에 미친다. 이런 물건이 부족하지 않은가, 아직 존재하지 않는 것 아닌가, 사람들이 분명 바랄 것이다……

이탈리아에서는 디자이너라는 말 대신에 프로제티스타progettista라는 단어를 주로 쓴다. 전체를 기획하고 일을 앞으로 진행시키는 사람이라는 의미다. 즉 이탈리아에서 디자이너의 일은 의뢰를 받고 물건에 아름다운

색이나 형태를 부여하는 작업도 아니며, 특정 분야에 한정된 전문직도 아니다. '무엇을 만들까'를 제시하고 그것을 실현하고자 리더십을 발휘하는 것이 디자이너 일의 본질인 셈이다. 일의 기점은 각각의 상상력에 있다.

일본은 어떨까. 일본의 디자인에서 가장 큰 특징은 디자이너 대부분이 기업에서 일하는 인하우스 디자이너, 쉬운 말로 하면 샐러리맨이라는 점이다. 그래픽 분야는 다소 예외적이지만 상품·건축·의류·기타 등등의 디자인 분야에서 인하우스 디자이너의 비율은 압도적으로 높고, 이런 경향은 세계적으로 봐도 이례적이다.

당연히 이런 사회에서는 디자이너의 개인 이름보다 소니나 혼다와 같은 기업 이름이 앞에 나선다. 또한 디자인의 대부분은 개인의 상상력 이전에 회사의 경영 전략이나 마케팅·기술 개발을 기점으로 이루어진다. 디자인 업무는 카테고리별로 전문화되며, 한 명의 디자이너가 다양한 물건 디자인에 관여하는 사례는 극히 적다.

단순히 비교하면 이탈리아의 디자이너는 개인에 입각해서 일을 진행하고, 일본의 디자이너는 기업을 기점으로 일을 진행한다. 다른 말로 바꿔 말하면 전자는 '의뢰받지도 않았음에도' 자기의 일을 생각하고 제안하며, 후자는 타인에게 의뢰받음으로써 일을 시작한다.

하지만 그런 일본에서도 자기가 스스로 일을 만들어 나가는 사람이 눈에 띄게 늘어난 듯하다. 적지 않은 사람들이 자기 자신을 기점으로 생각하며 떠올린 후에 그것을 구체화하는 방식을 즐기기 시작했다. 프리 에이전트*라는 사고방식도 그 하나의 상징일 테다. 불황 탓에 기업의 신입사원 채용도 줄고 카페 창업 붐이 시기적으로 겹친 점도 흥미롭다. 메이커 포지션에서 스스로 상품을 제조하는 디자이너도 점차 늘어나고 있다.

디자인 분야에 한하지 않고 우리는 기업이라는 모체에서 젖을 떼기 시작하는 중일지도 모른다. GDP 수치가 실질적인 풍족함이나 인생의 충실함과 직결되지 않는다는 사실은 이미 알고 있다. 다들 자기 자신을 채우는 자기 것으로서의 일을 좇기 시작했다.

물론 기업에서 일하는 것과 개인으로 일하는 것을 대립적으로 파악할 필요는 없다. 중요한 점은 일의 기점이 어디에 있는지다. 우리는 왜·누구를 위해 일하는가. 그리고 어떻게 일하는가. '의뢰받지도 않았음에도 하는 일'에는 그 힌트가 포함되어 있다.

---

* free agent, 개인의 전문화된 지식과 도구를 이용하여 조직에 얽매이지 않고 독창적이면서 창조적으로 일하는 개인
—옮긴이

3부

'워크 디자인'의 발견

새로운 오피스상을 찾자

20대 후반, 나는 한 종합건설회사의 설계부 소속으로 새로운 오피스 연구 개발 프로젝트에 참가했다. 서로 다른 부서에서 여러 명이 모여 진행한 2년간의 프로젝트였다. 평소에는 그다지 접할 기회가 없는 타 부서의 사람들과 자신들도 아직 알지 못하는 무언가를 찾아서 마지막에는 구체화하는 작업, 루틴 워크의 반대를 걷는 '프로젝트'라는 업무 방식이 무척이나 즐거웠다. 그 프로젝트는 당시 대두하기 시작한 그룹웨어라는 IT 기술을 축으로 새로운 오피스상을 그려 내는 것을 목표로 삼았다.

도구 ― TOOL
공간 ― SPACE
스타일 ― STYLE

앞으로의 새로운 오피스상을 단순히 '공간-SPACE'의 문제로만 파악하지 않고 이 3가지에 의한 작업 환경으로 파악하고자 설정했다(이 생각은 당시 후지제록스의 대처를 참고했다).

인테리어 디자인 분야로 참가한 나는 우선 공간이 사람들의 일하는 방식이나 창조성에 큰 영향을 끼친다는 것을 새삼 알게 되어 흥분했다. 예를 들어 파티션 높이를 조금만 바꿔도 커뮤니케이션이 크게 달라진다. 커다란 강당 형태의 오피스는 개인실 형태와 비교할 때 암묵지가 공유되기 쉽다.

탕비실의 배치를 바꾸고 나아가 게시판과 우편함을 탕비실에 둠으로써 노동자의 체류 시간을 늘려 우발적인 커뮤니케이션 발생률을 극적으로 증가시킨 어느 뉴욕 기업의 사례는 탕비실이라고 하면 오피스의 한편에 있는 좁은 공간이라는 이미지밖에 없던 내 눈에 획기적인 디자인 아이디어로 보였다.

'오피스 랜드스케이프'

그중에서도 흥분한 것은 독일의 퀵보너Quickborner가 1960년대 초반에 제창한 오피스 랜드스케이프라는 개념이었다. 거미줄 같은 유기적인 오피스의 레이아웃 플랜이 인상에 강하게 남았다.

이 그래피컬해 보이는 레이아웃은 1950년대 빌딩 건축에서 이루어진 구조적인 기술 혁신 덕에 가능해졌다. 기존 건축물에서는 각 층의 벽 또한 구조체의 일부였기 때문에 하나로 된 커다란 플로어를 만들 수 없었다. 몇 개쯤 되는 방이 적은 비율로 존재하고 사람들은 부서별로 나뉘어 일했다.

하지만 1950년대 미국에서 벽을 구조체로 삼지 않는 기둥 구조의 빌딩이 지어지기 시작했다. 이들은 외벽을 구조체로 사용하지 않기에 전면 유리창이라는 새로운 외관을 만들 수 있었다. 커튼 월curtain wall이라는 이름으로 불린 이들 건축물은 모더니즘의 상징이 되었다.

오피스 랜드스케이프는 유럽과 미국에서 일시적으로 붐을 일으켰고, 가구 회사들도 그 아이디어에 따라 상품을 개발했다. 지금의 오피스에서도 많이 볼 수 있는

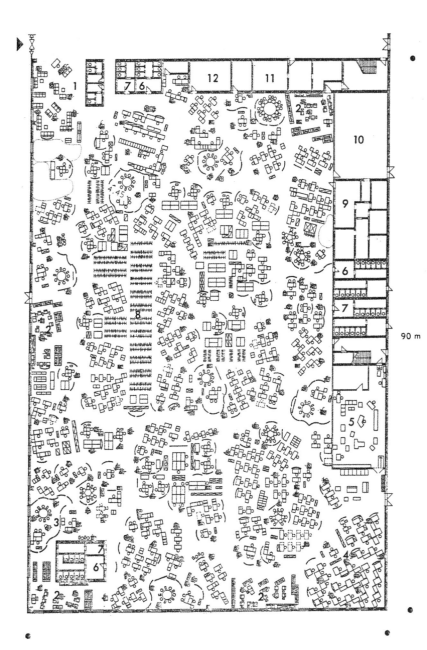

90 m

파티션형 부스 시스템은 이 움직임 속에서 태어났다. 하지만 기업 조직의 규모가 커져 하나의 플로어 내에서 처리할 수 있는 수준을 넘어서 버렸고, 나아가 빈번한 레이아웃 변경이 요구됨으로써 커뮤니케이션 해석 작업이 비즈니스의 실태를 따라가지 못하게 되었기 때문에 오피스 랜드스케이프 기법은 그 불씨를 다하게 된다.

퀵보너는 오피스 디자인 회사가 아니라 비즈니스 컨설팅 회사였다. 기업 컨설팅을 통해 조직 간의 단절이 기업 활동에 부하를 가한다는 점을 알게 된 그들은 커튼월 내부에 만들어진 새로운 대형 공간에 커뮤니케이션의 관점에서 새로운 오피스를 그려 낼 수 있다는 가능성을 깨닫고 그것을 구체화했다.

오피스 랜드스케이프는 우선 그 회사의 각 부서 간에 커뮤니케이션이 어느 정도로 이뤄지는지에 대한 해석에서 시작한다. 부서와 부서 사이에 연결된 거미줄 같은 관계성을 수치와 그래픽으로 가시화하고, 그것을 공간에 녹여 낸 결과를 앞선 그림과 같은 오피스 레이아웃으로 제안했다. 유기적인 동선 계획은 우발적인 커뮤니케이션의 발생도 기대할 수 있다. 나는 새삼 인테리어 디자인이 사람들의 커뮤니케이션과 조직의 활성화에 크게 관여한다는 사실을 깨달았다.

공간은 사람을 움직이게 한다

예를 들어 둘이서 미팅할 때, 테이블에 어떤 배치로 앉는 것이 좋을까. 대화 내용에 따라 서로 마주 보는 자리가 좋을 때가 있는가 하면 코너를 사이에 두고 90도로 앉는 것이 좋을 때도 있다. 공간을 자유롭게 쓸 수 있다면 사람은 자연스레 대화 내용에 어울리는 자리와 공간을 활용하는 방법을 선택한다. 하지만 보통 자리 배치나 테이블 형태는 고정적으로 주어지므로 자연스러운 커뮤니케이션이 어려워진다. 그런 일이 오피스 안에서 혹은 거리의 카페나 레스토랑에서도 빈번하게 일어난다는 사실을 깨달았다.

  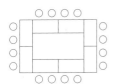

보통 오피스의 회의실에 있는 긴 테이블은 강연과 같은 발표 자리에서는 같은 방향으로 늘어놓고, 회의에서는 'ㅁ'자 모양으로 놓고 사용한다. 후자의 'ㅁ'자형 배치는 협조 회의 등 무언가를 공지하는 방식의 회의에서는 그럭저럭 효과를 내지만, 적극적인 토론을 거쳐 무언가 아웃풋을 만들어 내야 하는 회의에서는 효과를 보기 어렵다. 이것은 경험칙에 의한 것인데, 협업이 요구되는 회의, 즉 적극적인 참여가 필요한 회의에서는 테이블은 하나의 상판 또는 적어도 한 묶음으로 연결된 긴 책상이 좋다. 그것도 직사각형과 같은 대면형이 아니라 가능하면 원이나 정사각형에 가까운 쪽이 효과적이다.

여담이지만 새로운 오피스용 가구를 찾던 무렵, 한 인테리어 매장에서 "대면형 테이블이라면 긴장이 되어 상담이 제대로 진행되지 않아요"라며 점원이 삼각김밥 모양의 테이블을 추천해 주었다. 이 사람은 가구가 아니라 가구를 통한 커뮤니케이션을 파악하는구나, 하고 감탄했던 기억이 떠오른다.

의자도 중요하다. 중역 회의실에 있을 법한 안락의자는 앉는 느낌은 편안하지만 참가자의 자세가 뒤쪽으로 기울어지기 때문에 적극적인 참여가 필요한 회의에는 어울리지 않는다. 그럴 때는 자연스레 앞으로 몸을 기울이게 되는 의자가 바람직하다.

미국의 한 오피스를 시찰하고 온 친구가 회의실에 흔들의자를 두고 사용하는 사례를 설명해 줬다. 앞으로도 뒤로도 자유롭게 기울일 수 있으며, 세세한 모드 전환도 가능하다. 덴마크의 초등학생용 의자에는 네 개의 다리가 45도 회전한 채 붙어 있는 것이 있다. 좌우 다리에 비해 앞뒤 다리가 조금 짧기에 간이적인 흔들의자로서 기능하는 디자인이다. 이런 아이디어를 오피스에 도입하는 것도 나쁘지 않으리라.

개발 속도가 빠른 시스템 개발을 담당하는 미국의 기업, 예를 들어 실리콘그래픽스 같은 회사에서는 사무실 곳곳에 화이트보드가 있으며, 일부 회의실의 경우 책상 상판이나 복도 벽도 화이트보드 소재로 만들어져 있다고 한다. 새로운 아이디어는 어디에서 생겨날지 모르니 복도에서 서서 이야기하며 이미지가 확장되었을 때, 그것을 그 자리에서 누군가와 공유하기 위한 고안이다. 입으로만 대화하는 것이 아니라 낙서를 하거나 단어의 나열이어도 좋으니 아이디어를 실제로 써서 바라보는 쪽이 타인과의 사이에서 생각이 발전되기 쉽다.

공간은 사람을 움직이게 하고 사람은 공간에 규정된다. 그 사용법을 아는 사람은 다른 사람을 편안하게 할 수 있고 그에게서 힘을 끌어낼 수도 있다. 또한 때로는 권력자로서 부하 직원을 조종할 수도 있다.

이탈리아 정치인 무솔리니의 집무실은 거대한 입방체 공간으로, 그 가장 안쪽 구석에 책상이 놓여 있었다고 한다. 책상을 제외한 가구는 전혀 없었으며 벽면에는 천장까지 우뚝 선 기둥이 그려져 있고 바닥에는 잘 깎인 대리석이 깔려 있었다. 방으로 들어서는 문은 책상의 정반대 쪽에 있었다. 무솔리니와 면담하려고 이 방에 들어 온 사람들은 그의 책상 앞으로 걸어가는 동안 그 공간의 긴장감이나 자신의 무방비함·실내에 울려 퍼지는 자신의 발소리에 압도당했다고 한다.

보이지 않는 작업 환경, 매니지먼트

오피스 플래닝이 갑자기 재미있어진 20대 후반, 핀란드에서 열린 플렉서블 워크에 관한 국제회의에 참여할 기회를 얻었다. '플렉서블 타임'은 노동시간을 고정하지 않음으로써 각자의 노동 리듬의 자율화를 도모하고, 나아가서는 야근 비용을 줄이고자 하는 수법이다. 이에 비해 '플렉서블 워크'는 시간뿐 아니라 장소나 근로 형태까지 포함한 측면에서 유연한 업무 스타일을 목표로 한다.

핀란드의 북부는 엄동설한의 땅이기 때문에 헬싱키를 포함한 남부 주에 전 인구의 약 10퍼센트가 집중되어 있다. 이것은 일본에서 도쿄에 인구가 집중된 것과 비슷한 비율로, 규모는 10분의 1이라고는 하지만 이 정도 과밀화는 그들에게 심각한 문제다. 그 대책의 일환으로 지방에서의 지적 노동을 가능케 하는 원격 근무가 검토되었다. 이 회의에서는 북유럽 3개국의 원격 근무 정책과 그 과제가 공유되었다.

일본에서는 스미신기초연구소(현 미쓰이스미토모트러스트기초연구소)가 리조트 오피스와 거점 오피스에 관해 보고했다. 도심의 메인 오피스가 아니라 교외의 양호한 자연환경 속이나 집 근처의 거점 오피스에서 일함으로써 지적 생산성을 향상하고 통근 시간을 단축하자는 의도다. 하지만 실태를 보면 그 시도 대부분은 실패했다. 생산성이 오르긴커녕 그들 장소에서 일하는 근로자는 도심 메인 오피스의 움직임과 단절된다는 느낌을 받게 되었고, 온갖 의미에서 일이 구심점을 잃어버렸다.

오피스가 아니라 집의 서재나 카페·호텔에서 약간의 자료 정리 같은 업무를 하는 방식은 그 이전부터 개인의 재량 범위에서 이루어지고 있다. 특별히 새로운 이야기는 아니며 인터넷이 보급된 지금은 더욱 일반화된 방식이다. 하지만 일정 기간을 넘어서서 일상이 되면 이야기가 달라진다. 전에는 굳이 말로 하지 않아도 느껴지는 주변 분위기 속에서 노동자들이 적절한 대응을 할 수 있었지만, 거점 오피스에서는 메인 오피스의 움직임을 계산할 수 없게 되었다는 점에서 일종의 노이로제에 걸리거나 과도하게 근무 평가에 신경을 쓰는 상태에 빠지게 된다.

사람은 오피스라는 공간뿐 아니라 '매니지먼트'라는 눈에는 보이지 않는 환경 속에서 일한다. 생각해 보면 당연한 이야기지만, 원격 근무나 플렉서블 워크라는 개념 덕분에 나는 공간 디자인이라는 관점에서 '워크 스타일 디자인'이라는 관점으로 옮겨 갔다. 그리고 내 관심은 조직론이나 매니지먼트론으로 바뀌기 시작했다.

고도성장기의 피라미드형 인간 분포나 종신 고용이라는 생애 계약형 고용이 일종의 후불 시스템으로서 근속 연수에 따라 기하급수적으로 급료가 올라가는 종래의 일본 급료 체계를 낳았다는 점, 그리고 서구 기업의 급료 체계에서는 이와 같은 임시변통적인 시스템은 채택되지 않는다는 점을 알게 되었다.

일본 중세 시대에 무사가 하사받은 한 곳의 영지를 생활 본거지로 삼아 거기에 목숨을 걸었다는 사실에서 생겨난 '일소현명'—所懸命이라는 단어가 종신 고용제라는 가치관 속에서 목숨을 걸고 일한다는 의미의 '일생현명'—生懸命이라는 단어로 바뀌었다는 이야기*도 알게 되었다. 일본 기업의 경영자가 자사를 '우리'라고 부를 때, 거기에는 집단으로 도심에 취직하게 되면서 혈연·지연 사회에서 분리되어 버린 사람들을 새롭게 받아들이겠다는 공동체로서의 유사 가족적인 이미지 조작이 엿보인다는 사실도 배웠다.

생물학 분야에도 조직론에 흥미로운 관점을 던지는 연구가 있다. 한 연구는 개미 사회를 크게 통근형과 직주근접형으로 나누었다. 통근형이란 서식지와 먹이

---

* 장소를 뜻하는 한자 '소'所가 목숨을 뜻하는 한자 '생'生으로 바뀌었다. 둘 다 '최선을 다한다'라는 의미 — 옮긴이

터가 떨어져 있는 유형으로, 개미가 줄을 지어 이동하는 광경이 이 유형에 해당한다. 직주근접형은 예를 들어 쓰러진 나무처럼 먹이터 그 자체가 서식지를 겸하는 유형이다. 양자에서 개미의 활동을 관찰하면 전자의 사회 쪽이 압도적으로 일을 많이 하며 또한 죽는 개미 수도 많다. 후자는 너무 과하게 일하면 자기들의 서식지 그 자체가 붕괴한다는 딜레마 때문인지 통근형 사회의 개미만큼은 일하지 않는다고 한다. 도시권으로의 장시간 통근이나 단신 부임자의 적극적인 업무 태도가 지탱하는 사회는 이 둘 중 어디에 해당할까.

이야기에는 끝이 없지만, 결국 말하고 싶은 요점은 사람이 일하는 환경은 물리적인 오피스 공간만이 전부는 아니라는 점이다. 그중 하나로 리듬을 꼽을 수 있다. 한 그룹웨어 연구자는 그룹의 활동을 지탱하는 3요소로서 '리듬rhythm, 경계boundary, 용기container'를 꼽았다. 양호한 커뮤니케이션에는 분명 쾌적한 리듬이 있다.

당시 내가 일하던 회사는 조직 규모가 커졌고 직원이 나누는 대화 대부분은 시종 사내나 업계 관련 화제로 가득 차 있었다. 커다란 조직은 사회 안의 작은 사회로 닫히기 쉽다. 또한 혁신기의 조직에서는 빈번하게 조직 개편이 시도되기에 일하는 사람의 관심은 점점 더 안쪽으로 향하기 쉽다. 사람은 사회적인 생물이다. 그 활동 기반은 눈에는 보이지 않는 매니지먼트라는 환경이며, 사람들은 그 안에서 일한다. 그런 사실을 새삼 통감했다.

1분 매니저

일할 의욕이 암암리에 좌지우지된다는 식의 이야기를 제외하더라도, 뛰어난 매니저 밑에서 일하면 기분이 좋을 수밖에 없다. 그것은 자신의 에너지가 효과적으로 해방된다는 느낌을 실감할 수 있기 때문이다.

최근 『1분 매니저』라는 책을 만났다. 1960년대에 미국에서 크게 히트한 『One Minute Manager』라는 책을 번역한 것이다. 부하의 창조성을 향상하려면 어떻게 하면 좋을지 머리를 감싸 쥐는 많은 매니저층에게 '사람은 기분 좋게 일할 때 좋은 성과를 낸다'라는 지극히 간단한 사실을 제시하고, 그러기 위한 방법론을 구체적으로 기술했다. 이 책은 켄 블랜차드Ken Blanchard와 스펜서 존슨Spencer Johnson이라는 두 박사가 쓴 책이다. 참고로 스펜서 존슨은 『누가 내 치즈를 옮겼을까?』의 저자이기도 하다. 그들은 『하버드비즈니스리뷰』처럼 딱딱한 말이 아니라 평이한 우화 형식으로 매니지먼트론을 상냥하게 풀어내는 것이 특기다. 『One Minute Manager』는 미국 내 출간 당시 일본 제품에 밀려 의기소침해 있던 미국 산업계를 흥분시켰다고 한다. 그 방법은 애플이나 HP·AT&T 등 많은 주요 기업에서 차용되어 실제로 효과를 거두었다.

상세한 내용은 책에 양보하기로 하고, 이 책에 적힌 가장 중요한 지적은 '성과는 목표가 아니라 결과에 지나지 않는다'라는 말이다. 그리고 '사람은 좋은 일을 하고 싶어 하는 동물'이라는 일종의 성선설이 근저에 흐른다. 여기에는 나도 찬성이다.

일이란 사회 속에 자기를 자리매김하는 매개체이며, 단순히 금전을 얻기 위한 수단만은 아니다. 인간이 사회적인 생물인 이상, 그 생애에서 '일'의 중요성은 바뀌지 않는다. 자기가 가치 있는 존재일 것·쓸모있을 것. 이런 정보를 자기에게 건네주는 일에는 구심력이 있다. 온갖 일은 무언가의 형태로 그 사람을 세계 속에 자리매김한다. 밭일 같은 개인 작업도 마찬가지다. 자연의 사이클 속에서 자기 존재를 확인할 수 있다.

사람은 제아무리 많은 돈을 가지더라도 어떤 형태로든 일하고자 하는 생물이다. 부자는 부자 나름의 일을 스스로 만들어 낸다. 이는 인간이 바깥세상과의 관여를 통해서가 아니면 자기가 존재하는 느낌을 얻지 못하고, 또한 그것을 항상 갈망한다는 점을 드러낸다.

『1분 매니저』는 좋은 일을 하고 싶어 하는 사람들의 근원 욕구를 전제로, '매니저의 본래 업무는 관리가 아니라 그런 근로자의 욕구에 응해 서포트하는 것이다'라는 메시지를 전한다. '좋은 일을 하라'라고 말하기 전에 해야 할 것이 있고, 그저 그런 말을 건넨다고 해서 모든 것이 시작되지는 않는다. 애초에 다들 좋은 일을 하고 싶어 하므로 그것을 방해하는 요인을 제거하고 힘을 내게 만드는 것이야말로 바로 매니저가 해야 할 일이다.

워크 디자인 연구실과의 만남

1990년대 초, 리쿠르트의 워크 디자인 연구실이 『레주멕스』RESUMEX라는 호화로운 책자를 만들어 희망자에게 무료로 배포했다. 일이란 무엇일까? 조직이란 무엇일까? 놀이란 무엇일까? 시간이란 무엇일까? 근원적인 물음을 각호의 테마로 삼은 읽을 가치가 있는 책자였다.

회사에서 프로젝트를 진행하던 당시, 그들을 회사에 불러서 프로젝트 멤버들과 토론할 기회를 만들었고, 우리도 그쪽 사무실에 때때로 방문했다. 동년배인 스태프도 많았고 실장인 요코야마 기요카즈橫山淸和 씨의 인품에 기대 그들의 연구를 간접적으로 배울 수 있었다.

그 과정에서 깨달은 것은 공간이나 매니지먼트를 제대로 디자인하더라도 그것만으로 사람이 생생하게 일하게 된다고는 단정할 수 없다는 점이다. 그들은 '일의 의미'에 포커스를 맞추고 있었다. '보람이 느껴지는 일' 내지 '의미 있는 일'이라고 바꿔 말해도 좋을까.

'의미 있는 일'·'의미 없는 일'. 이 두 가지가 나란히 놓여 있다면 사람은 의미가 있어 보이는 쪽을 선택한다. 인간이란 의미를 먹고 살아가는 동물이며 의미가 없다고 느껴지는 일을 장기간 계속할 수는 없다는 것이 요코야마 씨 사고방식의 근간에 있었다. '의미 없는 일'은 사람에게 견디기 힘든 고행이다. 예를 들어 옛날 러시아에는 두 개의 양동이 사이에서 물을 계속 옮겨 담는 작업을 무한히 반복하게 하는 형벌이 있었다고 한다.

　세상의 일을 다시금 돌아보면 많은 일이 본래의 의미를 잃어버린 상태다. 고도성장이 달성되어 물건은 주변에 차고 넘친다. 세계 인류의 일부는 '안정적으로 생존한다'라는 오랜 목표를 얼핏 달성한 것처럼 보인다. 무엇을 위해 살아가야 하는가·존재해야 하는가라는 목표가 '발전'이라는 단어로 공유되던 시기는 적어도 선진국 사회에서는 끝을 맞이하고 있다.

　그러는 가운데 하나하나의 일이 의미적인 위기를 맞이하기 시작했다. 이미 많은 물건이 넘치는데도 이 이상 물건을 만드는 의미가 있을까. 물건 만들기에 한정되지 않는다. 경찰관은 싸울 상대를 잃고 일에 대한 긍지를 잃고 말았다. 교사라는 일도 사교육의 대두로 인해 본래의 가치가 희석되었다.

　워크 디자인 연구실이 편찬한 『모티베이션 리소스 혁명』モチベーション·リソース革命이라는 또 다른 책자가 있다. 그 일부를 옮겨 보고자 한다.

　"압도적인 상품력·기술력으로 타사에 우위를 점하는 기업은 극히 드물다. 오히려 일상적인 작은 배려·노력·헌신·고안 등의 작은 차이와 작은 신뢰가 무수히 쌓여 타사와의 업적 격차가 되며 우위를 점하는 기업이 태반이다. 하나만 꼽자면 꼽기 어려울 정도의 이런 작은 차이를 창조하고 유지하는 것이 일하는 사람의 모티베이션이다."

약간의 고안이나 작은 배려의 축적·조금 더 힘을 쏟은 자료 작성이나 사소한 전화 대응·매장에서의 태도 등 이런 작은 긍정적인 일을 만들어 내는 원천은 한 명 한 명의 '일할 의욕'에 있다. 각자가 자기의 일에 의미를 느끼는지가 핵심이다.

책자는 많은 일이 '모티베이션 리소스'를 포함하기 어려워진 현재, 어떤 형태로 그것을 다시 제공할 수 있을지 사례와 고찰을 정리한다. 100명이 넘는 대상에게 "당신은 어떨 때 생생하게 일할 수 있나요?"를 인터뷰한 결과를 바탕으로 만들었다는 이 책자에는 모티베이션의 원천을 재고하는 데 도움을 주는 충분한 요소가 담겼다.

예를 들어 손님이 하차할 때 차를 세우는 위치나 사소한 차체의 흔들림에 대해 주의를 기울임으로써 어느 샌가 1년간의 스케줄이 예약으로 가득 찼다는 택시 운전사 이야기가 실려 있다. 거기에는 '다른 사람에게 도움을 주고, 그로 인해 높은 평가를 받는다'라는 강력한 모티베이션 리소스가 있다.

대기업의 경리사무·산장 운영 보조·프로그래머·영업 등 다양한 직종을 경험했지만, 가장 생생하고 즐거웠던 일은 슈퍼의 계산대 업무라고 말하는 여성도 등장한다. 처음에는 일이 단조롭다고 느껴졌고 전문대학까지 나온 내가 왜 계산대 일을 해야 하느냐고 불만에 가득 차 있었지만, 단골손님에게 "오늘은 ○○를 사셨나요?"라고 말을 걸어 보거나 연배가 있는 손님에게는 들기 쉽도록 비닐봉지를 2개로 나눠 담아 주거나 하면서 일하는 동안 새로운 인사나 감사의 말을 듣게 되었고, 지역 주민들과 커뮤니케이션을 늘릴 수 있었다고 한다. 그러던 어느 날, 옆의 계산대가 비어 있는데도 자신의 계산대에만 손님이 기다리는 줄이 생겨 있다는 사실을 깨닫고는 깊은 감개에 휩싸였다고 한다. 여기에는 자기가 발견한 것이나 고안한 것이 반응이 되어 돌아오는 기쁨·자기가 인정받고 대체할 수 없는 존재로서 받아들여지고 있다는 기쁨이 있다. '의미'는 자기가 행한 행위에 대한 피드백에 의해 생성된다.

JAF(일본자동차연맹)의 일은 얼핏 보면 쉽지 않은

3D 업무처럼 보인다. 자동차 관련 문제는 시간을 가리지 않으며 어려운 상황에서 발생한다. 하지만 JAF에 취직을 희망하는 사람은 끊이지 않는다고 한다. 문제가 발생한 현장으로 향하면 반드시 감사의 인사를 받는다. 수리 중인 담당자는 그 일거수일투족이 주목받는 스테이지 위의 배우 같은 존재다. 그리고 자기가 좋아하는 자동차를 다루며 다른 사람에게 도움을 준다는 점에서 기쁨을 느낀다. 나도 JAF에 신세를 진 적이 몇 번인가 있지만, 현장을 방문한 스태프는 다들 생생하게 일했고, 싫은 태도를 보인 기억은 한 번도 없다. 그 이유는 아무래도 그들의 일에 '모티베이션 리소스'가 많이 들어 있기 때문으로 보인다.

사원이 100명이라면 그중 10~20명 정도는 가만히 내버려 둬도 과제를 찾아내고 스스로 의미를 찾아내며 일할 수 있는 주체적인 셀프 모티베이티드 인재라고 한다. 문제는 나머지 80퍼센트다. 그중 많은 수는 어떤 환경이나 목표가 주어지는지에 따라 능동적으로도 수동적으로도 변할 수 있는 사람으로 채워져 있다. 기업 측에서는 어느 쪽으로도 움직일 수 있는 이런 대다수 직원을 다루는 일이 중요하다. '모티베이션 리소스 혁명'

은 고도로 자율적인 일부 인재보다 오히려 그 외의 대다수 직원을 대상으로 해야 한다.

　그 책자에서 말하는 내용은 어떤 내용이든 일하는 방식에 관해 생각할 때 피할 수 없는 주제였다. 공간 디자인을 바꾸면 사람들의 워크 스타일을 바꿀 수 있다. 하지만 동시에 매니지먼트라는 보이지 않는 환경 만들기를 행하지 않는다면, 그것은 기능하지 않는다. 그리고 나아가 일 자체에 포함되는 의미를 양성하지 않는 한, 사람들이 생생하게 창조적으로 일하는 자세는 생겨날 수 없다.

우리는 '일을 사러' 회사에 다닌다

워크 디자인 연구실은 앞서 소개한 『모티베이션 리소스 혁명』 외에 『유럽 7개국의 워크 스타일 비교 조사』歐洲7カ国ワークスタイル比較調査라는 책자도 만들었다.

　인생에서 일이 차지하는 의미를 비롯해 야근이나 휴가·그룹 워크 등 일하는 방식을 둘러싼 다양한 사항에 관해 7개국에서 표본으로 뽑은 노동자의 의견이 나란히 나열된 비교 조사 자료다.

　이 책자를 읽기 전까지 나는 오피스 내에서 자기 자리 외의 전화가 울릴 때 그 전화를 받아서 대응하는 것이 당연하다고 생각했다. 하지만 그것이 당연하지 않은 나라나 조직이 있다는 사실을 알고 깜짝 놀랐다. 개인주의 능력 사회 혹은 계층화가 진행된 사회에서는 '타인의 일을 방해해서는 안 된다'·'다른 사람의 일을 빼앗아서는 안 된다'라는 사고방식도 존재한다.

　책자를 읽고 내가 당연하다고 생각하던 일하는 방식이 어디까지나 일본의 로컬 상식에 불과하다는 사실을 깨닫고 눈이 번쩍 뜨이는 기분이었다. 가장 강하게 머리를 두들겨 맞은 것은 비슷한 무렵 이탈리아에서 돌아온 친구가 들려준 체험담이었다.

　이탈리아인 지인의 집에 방문해 즐겁게 시간을 보냈다고 한다. 돌아갈 시간이 다가오자 지인은 "또 놀러 오지 않을래?"라고 말을 꺼냈고, 그는 "그러게. 다음에 휴가를 받을 수 있으면 또 올게"라고 답했다. 그러자 이탈리아 친구는 틈을 두지 않고 "휴가를 받는다니, 누구에게?"라고 진지한 얼굴로 되물었다고 한다.

　휴가는 누구의 것일까. 당연히 회사의 것이 아닌 자

기의 것이다. 하지만 우리는 극히 당연하게 '휴가를 받는다'라고 말한다. 그렇게 생각하는 것이 습관화되어 있다. 이것은 무엇 때문일까. 종신 고용과 관련한 사고 습관이 여기에서 드러나는 것일까. 회사에 들어갈 때, 일본인은 자기가 가진 시간을 전부 일단 회사에 맡기고 거기에서 조금씩 되돌려 받는다고 느끼는 것일지도 모른다. 애초에 왜 '회사에서 일한다'가 아니라 '회사에 들어간다'라고 말하는 것일까. 그런 생각이 순식간에 머릿속에 떠올랐다고 한다.

『빠빠라기』라는 책이 있다. 처음으로 서양 문명을 본 남태평양 사모아섬의 추장 투이아비가 부족의 젊은이들에게 서양 사회가 얼마나 기묘한지를 들려준 연설집이다. 분명 이 책은 서양에서 상식처럼 여겨지는 일의 개념을 기분 좋게 뒤흔든다. 그들은 빠빠라기(백인)의 '직업'이라는 사고방식이 너무 이상하다고 말한다. 언제나 같은 일을 반복한다니 믿을 수 없다. 결혼하면 여성은 하던 일을 그만둔다니 믿을 수 없다. 직업을 가지려고 젊은 시절 대부분을 바쳐서 공부한다니 믿을 수 없다. '직업'이라는 것은 아무래도 그들의 즐거움을 갉아먹는 듯하다. 그런 노동이라면 하지 않는 편이 좋지 않은가?

마을과 같은 공동체 사회와 서양의 도시형 사회에서는 일의 존재 방식이 다르다. 하지만 이탈리아에서 친구가 겪은 경험담이나 『빠빠라기』의 이야기를 만나면서 당연하게 생각하던 우리의 일·우리가 일하는 방식을 다시 바라보는 가운데 '우리는 정말로 사회에 능력을 팖으로써 대가를 얻고 있는가?'라는 의문이 떠올랐다.

능력을 판다기보다 '일을 손에 넣으려고' 회사에 다닌다는 측면은 없을까. 수도권 근로자는 편도 평균 80분의 시간을 들여 만원 전철을 타고 회사에 다닌다. 결코 편하다고는 할 수 없는 그런 행위를 매일 반복하는 이유는 자기가 바라는 '일'이 회사에 있고, 근처에서는 그것을 손에 넣지 못하기 때문이다.

앞서 언급한 것처럼 일은 자기를 사회에 자리매김하는 중요한 매개체다. 일본 같은 기업 사회에서는 '일'이라는 자원은 이미 회사에 모여 있다. 우리는 채소나 식료품을 사고자 슈퍼마켓에 간다. 이와 마찬가지로 회사란 '일'이라는 상품의 재고를 보유한 슈퍼마켓 같은 것으로 생각할 수 있지 않을까. 작은 회사는 상품(일)의 가짓수가 적다. 커다란 회사는 매장 면적도 넓고 상품(일)의 가짓수나 종류도 풍부하다. 집에 밭이 있고 인근에서 온갖 식료품을 손에 넣을 수 있다면 슈퍼마켓에 갈 필요가 없다. 적어도 의존하지는 않을 것이다. 하지만 우리는 슈퍼마켓에 간다. 자급자족할 수단이 없기 때문이다. 근로자가 능력을 판다기보다 회사가 '일을 팔고' 있는 것이다.

그런데 우리가 회사에서 일을 사는 것이라면, 그에 상응해서 내는 대가는 무엇일까. 그것은 '시간'이다. 그리고 시간이란 우리의 '생명' 그 자체다.

일하는 방식 연구의 시작

시작은 새로운 오피스상의 연구 개발이었다. 하지만 그 과정에서 나 자신의 일하는 방식을 다시 바라보기에 이르렀다. 회사에 있을 때는 회사에 대한 불평을 입에 담는 상사나 중견 사원의 모습을 자주 보곤 했다. 그런 사람일수록 언제까지고 회사를 그만두려 하지 않는다. 불평을 터뜨리는 마음의 반대편에는 회사에 대한 기대감이 있다. 하지만 도대체 무엇을 기대하는 것일까. 애초에 기대해야 할 대상은 자기 자신일 뿐, 회사는 아닌 것 아닐까.

　회사에서 벗어나서 일을 자급자족할 힘을 가지고 있다면 회사가 바라든 바라지 않든 공평한 관계를 구축할 수 있다. 반대로 말하면 기업은 종업원이 회사와 공평한 관계를 구축할 정도의 힘을 가지기를 바라지 않는다. '창조적이어야 한다'라거나 '주체적이어야 한다'라고 말하더라도 그것은 어디까지나 적당한 수준이다. 정말로 주체적인 인간은 미처 컨트롤할 수 없고, 정말로 창조적이라면 언제 회사를 그만둘지 알 수 없다.

　이전의 일본 기업은 한 생애를 함께하는 마을 사회와 같았고, 회사는 인재를 소유하는 것을 옳다고 여겼다. 하지만 이런 시기도 끝나가고 있다. 고용 조정 없이 비즈니스 환경의 극심한 변화에 대응하기란 지극히 어렵다. 동시에 사회의 가치관은 소유 가치에서 사용 가치·공유 가치로 옮겨가는 중이다. 직원이라는 노동 자원에 관해서도 언제나 많은 인재를 기업이 품고 그것을 유지하는 것이 아니라, 필요에 따라 고용하는 프로젝트형·계약형 노동 제도로 변해갈 것이다. 이와 함께 노동자 측의 노동관도 바뀔 것이다.

　'언제든 어디에서든 누구와든 일하는 자유를 자기

자신의 힘으로 획득하는 것.' 물론 그것은 이론에 불과하다.

나는 이 오피스상 연구의 흐름 속에서 회사를 그만두기로 마음먹고 프리랜서가 되어 일을 시작했다(여기에 적은 논리만을 이유로 그만둔 것은 아니다). 하지만 기존에 일하던 회사에서 하던 일을 더는 못하게 되긴 했어도 기업 관련 일은 계속하고 있다. 바꿔 말하면 도쿄라는 도시에서 일을 얻는 구조는 달라지지 않았다. 나아가 자본주의사회라는 커다란 우산 아래에서 일을 손에 넣고 있다는 점은 틀림없는 사실이다.

그런데도 어떤 상황에서든 내가 일하는 방식은 나스스로 디자인할 수 있다. '오늘 어떻게 일할까'를 스스로 결정할 수 있기 때문이다. 일을 '자기의 일'로 만드는 포인트는 일에 자기를 맞추는 것이 아니라 자기에게 일을 맞추는 힘에 있다. 이 책의 서두에 자기를 소외시키지 않는 일하는 방식을 선택하지 못하는 사람이 많은 것은 왜일까, 라고 썼다. 그건 왜일까? 알기 쉬운 예를 하나만 다시 한번 적겠다.

$$4 + 6 = \square$$

$$\square + \square = 10$$

전자는 정답이 하나밖에 없는 교육. 후자는 정답이 무수하게 많은 교육. 정답이 어딘가에 이미 있다는 교육과 정답은 모두의 안에서 지금부터 만들어진다는 교육에는 차이가 있다. 성장 과정에서 몇 번이고 주어진 이와 같은 교육과 사회 경험이 한 명 한 명의 셀프 이스팀(자존감·자기긍정감)의 배양을 방해하고 마는 것이다.

그렇다고 해서 근대 교육이나 근대라는 이름이 붙는 온갖 것에 반대 의사를 표하고 싶지는 않다. 그럴 여유가 있다면 우선 수중에 있는 일을 해내는 방식이나 나의 존재 방식을 스스로 바꿔 나가고 싶다. 자기의 일에 대한 주인의식을 언제나 스스로 가지는 것. 그 일을 통해 배움을 갈고닦아 나가는 것. 이것들은 이 책을 쓰는 나 자신의 문제이기도 하다.

부록

10년 후에 다시
만난 사람들

1

다시, 바바 고시의
장소 만들기 현장에 가다

" 자신을 깎아서
파는 행위는 괴로운
일이에요. "

바바 고시(馬場浩史)
22세 때 디자이너 구마가이 도키오(熊谷登喜夫)를 만나
10년 정도 파트너로 일했다. 그 사이 도쿄·파리를 거점으로
삼아 인도·네팔·태국·인도네시아 등에서 물건을 만들었다.
1991년 유세이샤(遊星社)를 설립했고, 1998년에 도치기현
마시코정에서 스타넷을 열었다.

『자기만의 일』 초판을 출판한 지 5년이 지났다. 인터뷰에 응해 준 몇 분과는 그 후에도 계속해서 친분을 유지하고 있다. 개정판을 위해 그들 중 두 명과 재차 인터뷰를 진행했다.

마시코정에서 스타넷이라는 장소를 키우는 바바 고시 씨. 르뱅이라는 빵집을 도쿄와 신슈에서 운영하는 고다 미키오 씨. 둘 다 소중한 지인이자 인생 선배이기도 하다. 바바 씨는 50대 직전이고, 고다 씨는 60대 직전이다. 나도 40대 중반이 되었기에 아마 이번 생은 이제 절반도 남지 않았을 테다. 처음 일하는 방식의 이야기를 듣고자 돌아다니던 30대 초반 무렵에는 '왜 하는가?'·'어떤 식으로 하는가?'라는 부분에 큰 관심을 가졌지만, 그것은 점차 '어떤 식으로 살아가는가?' 쪽으로 옮겨 가고 있다.

특정 인물에 대해 시차를 두고 인터뷰를 거듭하는 것은 말하는 사람 본인에게는 물론 독자들이나 나에게도 나쁘지 않은 인생 공유 방법이 아닐까 생각한다.

『자기만의 일』초판에 수록된 바바 씨의 인터뷰는 1998년 그가 마시코정에 만든 스타넷이 오픈하기 바로 전날에 이루어졌다.

그로부터 수년이 지난 어느 해의 겨울. 오랜만에 다시 방문했더니 장소는 낡기는커녕 신진대사를 거듭하고 있었다. 이전의 안채는 증축되었고 공방과 매장도 충실해졌으며, 나아가 반대편의 작은 산을 사서 개간하여 새로운 갤러리를 지으려는 중이었다.

도심에서의 삶에 위화감을 느끼고 지방으로 옮겨 가는 사람은 옮겨 간 토지에 어우러지고 풍경 속에 녹아드는 경우가 많다. 하지만 스타넷은 조금 달랐다. 우주선이 착륙한 후 수년이 지나서 가 봤더니 새로운 마을이 만들어져 있는 것과 비슷한 느낌일까. 수년 전의 인터뷰에서 바바 씨가 말하던 것은 각각 무언가의 형태로 바뀌어 있었고, '아직 끝나지 않은 분위기'로 가득 차 있었다.

그 무렵에 취재했던 짧은 인터뷰가 있다. 이 개정판의 인터뷰 전에 우선 그것을 싣고 싶다. 2005년 여름, 내 아내와 친구들이 운영하는 리빙 월드라는 디자인 사무실의 첫 개인전을 그의 갤러리에서 개최했는데, 그에 앞서 이루어진 인터뷰다.

바바 하고 싶은 건 한마디로 '의식주의 크리에이티브한
   자급자족'입니다.

— "할 수 있으면 좋겠다"라거나 "해 보고 싶다"라고
   말하는 사람은 많죠. 그래도 실제로 해내는 사람은
   많지 않아요. 어떻게 해야 바바 씨처럼 정말로 해낼
   수 있을까요?

바바 저는 그저 제가 편하다고 느끼는 공간을 만들고 있다고
   생각해요. 저만의 장소가 없었어요. 이 사회에는 제 공간이
   없다고 느꼈죠. 그래서 스스로 만드는 거예요(웃음).

— 언제부터 그런 마음을 품으셨나요?

바바 오래전부터요. 최근에 더욱 심해지고 있지만, 20대 때,
   구마가이 도키오 씨와 일하며 세계를 돌아다닐 때도
   소중한 CD 몇 장과 아끼던 자연 소재의 담요를 접어서
   슈트케이스에 넣어 항상 가지고 다녔어요. 어딜 가든
   저만의 공간을 만드는 거죠. 언제든 작은 저만의 공간을

만들었는데, 그것이 지금 조금 확장되었다고 생각해요.

— 바바 씨만의 공간 만들기는 끝나지 않나요?

바바 글쎄요. 끝나지 않을 것 같아요. 그렇기에 다른 사람의
일은 그다지 받고 싶지 않아요. 그런 것을 일로 삼아서는
안 된다고 생각하죠.
예를 들어 매장 공간 콘셉트 디자인이라고 해도 외적인 측면만
만들어서는 안 돼요. 1년 정도 지나서 방문해 보면 실망할
때도 많습니다. 그런 경험을 몇 번인가 반복하다 보니
내용물까지 제가 볼 수 있는 것이 아니면 해서는 안 된다는
사실을 깨달았죠. 물론 그런 일도 받아서 하고는 있어요.
하고는 있지만, 지금은 꽤 가까운 관계인 사람에 한정되어
있죠.
'자신'을 깎아서 파는 듯한 일은 무척이나 괴로워요. 도쿄에서
사무실을 운영하던 시절, 기업 의뢰를 받아 작업한
일 중에는 시대를 앞선 환경 관련 작업도 많았어요.
자연이 소중하다거나 원재료가 중요하다거나 수작업이
중요하다거나, 그런 것을 생각하며 관여했는데, 결국은
소비되어 소모되고 끝이 나더군요. 그것은 저 자신을 깎아
먹는 일이죠.
어떤 주제이든 이것은 똑같아요. 최종적으로는 경제 효율을

위한 무언가가 되어 버리죠. 유기농 붐도 그래요.
순환형이라느니 뭐라느니 하지만, 결국 경제 효과를 위해
사용되죠. 말만 번지르르하고 실체는 어디에도 없는 것
아닌가 싶어요.

— 정말로 해내는 사람과 하지 않는 사람의 차이는 뭘
까요?

바바 버릴 수 있는지 아닌지가 아닐까요. 자신이 지금 가진
것을 버리지 않으면 역시 새로운 곳에는 갈 수 없거든요.
거기에는 리스크가 동반되죠. 예를 들어 수년 전 저는
도쿄에서 이곳으로 이주했어요. 기존의 일은 전부
사라졌죠. 저의 아이덴티티 같은 것도 이 장소에서는
붕괴해 버려요. 그런 말을 하면 발을 빼고 착수하지
못하는 사람이 많지 않을까요. 어떻게 살아갈지 떠올릴 수
없으니까요.

— 고르는 것은 동시에 버리는 것이기도 하죠. 자신이
만들어 온 것에 집착하지 않고 어떻게 하면 버릴 수
있을까요?

바바 남은 가능성이 그것밖에 없으면 됩니다. 도쿄에서는 결국
소모되는데(도쿄라는 식으로 말하는 건 옳지 않겠지만),
그런 사회 속에서 소비되고 소모되며 살아갈 것인가.
아니면 내 이상에 적합한 것을 이상적인 장소를 찾아
만들며 살아갈 것인가. 제 안에는 그것 말고 다른 선택지가
없었어요.
30대 중반 무렵에는 도쿄 사무실에서 기업 CI나 신사업
설립·대리점 관련 업무도 했어요. 하고 싶어서
했다기보다는 먹고살려고 했던 거죠. 그래도 기업과의 일은
제 성격을 봐도 이제 한계라고 생각했어요.

— 일본에서는 다양한 일이 기업을 통해 유통되기 쉬
운 것 같아요.

바바 맞아요. 그 결과 일을 하더라도 옅어진다고 할까요. 다양한
필터를 거쳐 다른 것으로 변해 버릴 때가 있죠. 그래서는
에너지를 소비하는 의미가 없어요. 결국 돈만 중요해지는
것처럼 느껴졌어요. 그래서 하지 않게 되었습니다.

이곳에서의 삶, 이곳에서의 물건 만들기

2008년 여름, 다시 마시코정에 바바 씨를 만나러 갔다.

— 3년 만이네요. 그동안 바바 씨 이야기를 들려주세요.

바바 올해 4월에 아버지가 돌아가셨어요. 그런 일도 있어서 잠시 앞으로 사회에 어떻게 관여해야 할까, 남은 시간을 어떻게 사용할까에 대해 심적인 변화가 있었습니다. 10년 전에 말한 것은 거의 전부 실천했고, 어느 정도 이 사회 속에서 기능하는 것 같아요. 그래서 한 단락을 마무리 지을 때라는 느낌이 듭니다. 지금까지 해 온 일의 연장이 아니라, 한번 리셋하고 싶어요.

지금 사회에 무엇이 필요한가?라는 질문은 언제나 제 안에 있어요. 그래도 일본이나 세계 규모까지는 도저히 책임을 질 수 없을뿐더러 생각도 거기까지 미치지 않아요. 역시 저의 장소, 이 마시코정 혹은 그 농업이나 요업에 관해서 생각하게 돼요.

지금의 도예 작가들은 건강해 보일지도 모르지만, 산업 면에서 마시코정의 요업은 거의 붕괴 상태예요. 이곳에 왔을 무렵에는 아직 기능했지만, 지금은 장인도 거의 남아 있지 않죠. 다만 노하우는 그대로 있어요. 장인에게 의존하지

않고 만드는 방법도 있으니 그런 부분을 다뤄 보고
싶습니다.

— 물건이 남아돌고 생활에 필요한 물건이 어느 정도
  충족되어 있기에 양적인 생산이 이뤄지지 않는 것
  은 아닌가요?

바바 마시코정의 도자기 매출액은 연간 40~50억 엔 정도예요.
  도쿄의 중소기업 한 곳 정도의 규모이고, 일본 전체를
  생각하면 꽤 큰 시장이 있어요. 그런데 지금은 그곳에
  중국이나 한국 제품이 가득 차 있어요. 자급자족은 식료품
  외의 분야에서도 필요하단 말이죠.
  다른 산지와는 다르게 마시코정에는 도매상이 없고 양산
  시스템도 들어와 있지 않아요. 양산형 가마라고 해도
  꽤 원시적이어서 작품 한 개부터 만들 수 있죠. 다양한
  가능성이 있다는 말입니다. 제대로 기능하지 않는 것은
  시대에 적합한 물건을 만들지 못하기 때문이에요. 하마다
  쇼지 씨의 민예 양식에서 발전이 없으니까요. 거기에서
  끝이 나 버렸어요.
  그래도 저는 이곳의 흙·이곳의 유약으로 훌륭한 것을 만들 수
  있다고 생각해요. 10년 이상 이곳에 사는 중이니 작가들과
  대화하며 얻은 감촉이 있죠. 이 일을 하지 않으면

마시코정에는 아무것도 남지 않아요. 지금 작가들도 대부분 마시코정의 흙을 사용하지 않아요. 여기에 있으면서 이곳에서의 삶을 살지 못하고, 이곳에서의 물건 만들기를 하지 못하는 거죠.

— 바바 씨는 10년 전에도 '마시코정에 남아 있는 자산을 활용해 나가고 싶다'라고 말씀하셨죠.

바바 이건 제 체질이에요. 도쿄에서 일하던 때도 그렇고, 파리에 가면 파리에서, 네팔에 가면 네팔에서 무언가를 생각하고 그곳 사람에게 만들게 하는 일의 반복이죠. 저에게는 자연스러운 일이에요. 지역 사람들을 만나 차를 마시며 이야기하고 때로는 불평을 듣거나 술을 마시고 노는 과정에서 '이 사람은 이런 것을 만들면 가장 자연스럽겠네'라고 느낍니다. 그것을 적어서 건네주는 것부터 시작하죠.

— 어디를 가든 자연스레 그렇게 한다는 말은 분명 바바 씨라는 사람의 본질이라고도 할 수 있겠네요.

바바 그렇죠. 지금 400가구 정도가 속한 지역 자치회 일도 시작했어요. 이곳에서 살더라도 지역에서 벌어지는 일을 다들 모르거든요. 특히 샐러리맨 가정은요. 저는 자유로운 시간을 낼 수 있으니 카메라를 내걸고 육영회 아이들의 모임이나 축제에 관한 다양한 회의 장면을 촬영해서 그것을 회람으로 만들어 돌립니다. 이곳에서 지금 무슨 일이 일어나고 있는지를 서로 아는 것이 우선 중요한 것 아닐까 하는 생각이 들어서요.

동네의 이장 보좌 일도 맡고 있어요. 30년 전의 마을 시스템이 그대로 유지되고 있고, 아무것도 달라지지 않았어요. 예를 들어 장례식이 있으면 만 이틀 정도 일을 멈춰야만 하죠. 하지만 지금은 전부 장의사가 대행해 주니까 모여도 실제로 하는 일은 없어요. 그런 점은 유연하게 대응해도 좋을 텐데, 그런 의견을 내면 "그러면 커뮤니케이션이 사라져요"라는 답이 돌아오죠. 합리주의는 통용되지 않는 셈이에요.

장로들은 바뀌는 것을 좀처럼 용납하지 않아요. 바꾸려면 꽤 큰 에너지가 필요하죠. 그래도 이것은 신뢰 관계에 관한 문제라고 생각해요. 지금 정해지지 않으면 다시 다음에 만날 때 들고 가죠. 애초에 저는 외부에서 온 사람이니 따돌림을 당하더라도 당당히 말할 수 있는 처지니까요. 세 번 네 번 반복하다 보면 "듣고 보니 그런 것 같기도 하네"하고 이해를 얻게 되죠. 다들 그것이 귀찮으니 하지 않는 거지만요.

지금까지 저는 확실히 말해서 그런 부분에 관심이 없었어요. 그래도 지금은 역시 무척이나 중요하다고 생각해요. 전에는

좀더 저 개인적인 이미지만을 좇았어요. 발밑이 중요하다고
말하면서 실제로는 마을 생활을 그다지 들여다보지 못했죠.
하지만 다시 한번 돌아가야 한다고 생각해요.

2

다시, 고다 미키오를 만나러
우에다에 가다

"가족 같은 관계에
만족을 느끼는 것
아닐까요?"

고다 미키오(甲田幹夫)
1949년 나가노현 출생, 여러 직업을 거친 후,
한 프랑스인에게 자연발효종을 이용한 유럽식 전통 제빵
기술을 배웠다. 1984년에 도쿄 조후에서 개업하고,
1989년에 직영 소매점 '르뱅'을 도쿄 도미가야에 열었다.
매일매일 곡물 본연의 맛을 살린 빵을 굽고 있다.

고다 미키오 씨가 운영하는 천연효모 빵집 '르뱅'은 최근 10년 사이에 신슈 우에다에 새로운 가게를 열고 작은 레스토랑도 개업했다. 그와 더불어 조후에 있던 공장은 문을 닫았다.

　언제나처럼 빵과 미소를 전해 주는 르뱅이지만 실은 다양한 변화를 이뤄 왔다. 최근 10년 사이에 많은 직원이 바뀌었고 자신의 빵집을 연 이곳 출신 직원도 많다. 빵과 관련 없는 일을 하는 사람도 있지만 관계는 끊기지 않고 이어지고 있으며 서로의 모습을 신경 써 주는 모습이 바깥에서 봐도 따뜻하게 느껴졌다. 르뱅은 빵집이라기보다 작은 커뮤니티인 것만 같다.

─　작년에 조후의 공장을 닫으셨죠. 그 이유를 들려주실 수 있나요?

고다 기회가 있으면 닫고 싶다는 마음은 전부터 있었어요. 이유는 얼마든지 들 수 있지만, 가장 큰 건 사람

문제였어요. 전에 한 직원이 이끌어서 노동조합이 생겼는데, "사장은 적이다!" 같은 식이 된 적이 있거든요. 도무지 마음이 맞지 않았어요. 그때는 곧바로 문을 닫고 싶었는데, 그래도 조후는 원점이라서요. 르뱅은 그 공장에서 시작했으니까요.

경제적으로도 어려웠어요. 도미가야점은 소매점이니까 매출이 그대로 수익이 되죠. 그런데 조후는 도매이기에 전국에 공급하기는 해도 이익률은 낮고 여러 경비도 많이 들었죠. 항상 수익과 비용이 엇비슷한 수준이었어요.

— 고객에게 직접 판매하는 것이 아니니까 해야 할 일 도 많았겠어요.

고다 맞아요. 예를 들어 택배로 물건을 보내죠. 이전에는 다음 날에 발송했지만, 시중에서는 당일 발송하라는 요구가 높아졌죠. 보내는 양이 많기에 집하 시간도 일러요. 서둘러 구워서 채워야 하는데 막 만든 빵은 봉지에 담을 수가 없거든요. 그리고 애초에 봉지에 담으면 맛이 달라지죠. 고객의 손에 가 닿을 때는 다른 물건이 되어 버려요. 마음을 담아 만들었는데도 전달 과정이나 판매 방법에 따라 맛이 달라져요. 무리가 있을 수밖에 없죠.

물론 지금도 택배를 이용하지만, 애초에 도미가야에 가게를

차린 배경에는 고객이 직접 사러 와 주는 장소를 만들고
싶다는 마음 때문이었어요. 해외에서 공부한 옛 직원이
"빵을 택배로 보낸다니 독일에서는 절대로 있을 수 없는
일이에요"라고 하더군요. 그 말을 듣고 조금 안심했어요.
빵집은 그저 거리의 빵집으로 충분하다고 느꼈죠.

역시 직원들도 고객의 기뻐하는 얼굴을 직접 보지 않으면
몇 시부터 몇 시까지 일하고는 '자, 오늘 업무 끝!'이라는
의식으로 바뀌기 쉽죠. "그렇게 해서는 안 돼"라고
말하더라도 절로 그렇게 되기 쉬운 부분이 있기도 하고요.

직접 고객과 대화한다는 건 의미가 커요. 벌레가 들어가는 등의
만에 하나의 일이 있더라도 얼굴을 보고 대응하면 어떻게든
됩니다. 그런데 도매의 경우라면 어렵죠. 특히 도쿄는
소비자들이 시끄러워서 예를 들어 큰 자연식품 매장이라면
사소한 일이 벌어져도 큰 소동이 일어나서 모든 빵을 빼야
한다거나 "이 상품은 일주일간 팔지 말아 주세요"라는 말을
듣게 되죠. 그러면 손실이 엄청나게 커집니다.

극단적으로 말하면 빵이라기보다 상품으로 취급받는
느낌이랄까요. 라벨이 최우선이 되죠. 제조날짜나
유통기한처럼 표시에 드는 에너지가 엄청나요. 라벨이
붙어 있지 않다는 이유로 반품되기도 하고요. 이것은
무농약이에요, 유기농이에요, 그런 것만 점차 요구받게
되었죠. 무엇 때문에 이 일을 하는 것인지 알 수 없게
되었기에 조후 공장은 언젠가 닫겠다고 마음먹은 상태였어요.

— 문을 닫는 것도 에너지가 필요한 일 아닌가요?

고다 지금까지는 전부 발전적인 방향이었으니까요. 문을 닫은
경험이 없고, 직원들의 다음 직장 문제도 있고요. 어떻게
될까 걱정했지만, 그래도 하는 수밖에 없었어요.
등산에서는 다들 정상을 노리지만, 상황에 따라서는 중간에
단념하고 내려올 때도 있죠. 그럴 땐 용기 있는 일이라는
말을 듣지 않나요? 그런데 전에 조후 공장에서 일하던
직원에게 "제가 일하던 이곳을 왜 닫으시는 거죠?"라는
말을 들었을 때가 가장 괴로웠어요. 그에게는 모교가
없어지는 듯한 일이었을 테니까요.
그래도 문을 닫고 반년쯤 지나니 조금은 차분해졌어요. 다음은
농업을 해 볼까 해요. 르뱅 팜이라는 이름으로 보리 농사를
짓고 싶어요. 일본의 보리 산업도 꽤 어려운 상황에 빠져
있죠. 저희는 제조업을 해 왔고 서비스업도 했어요. 이제
남은 건 1차산업이라는 생각이 들어요. 그것까지 할 수
있다면 제가 생각했던 것을 전부 해낼 수 있게 되는 거죠.
도미가야점에 대해 "저한테 맡겨 주세요!"라는 사람이 나온다면
얼씨구나, 하는 생각이 들 것 같아요(웃음)

— 본인이 죽은 후에도 르뱅이 계속되기를 바라시
나요?

고다 흐음. 이어받을 사람이 나온다면 넘겨주고 싶다고 할까, 계속해서 남아 주었으면 하지만 적당한 사람이 없어서요. 다들 즐겁게 일해 주는 것이 이상적이에요. 평화적인 마음 같은 것이 이어진다면 빵집이 아니어도 상관없어요. 직종을 바꿔서 골동품 가게가 된다고 해도 말이죠(웃음). 마음이 이어진다면 하늘나라의 고다로서는 기쁠 것 같네요.

— 이 책의 초판본에서 저는 "르뱅의 빵은 배를 채우는 것뿐만 아니라 마음도 채운다"라고 썼어요. 고다 씨는 만족감이라는 것을 어떤 식으로 생각하시나요?

고다 육체적인 만족감과 정신적인 만족감을 볼 때 후자의 만족감 쪽이 강하죠. 물론 먹고 몸도 기뻐지지만, 마음이 기뻐지는 쪽이 보다 상위의 즐거움이라고 생각해요. 어떤 면에 그런 식으로 만족하는가 하면, 성의를 담아 만든다거나 기분 좋게 판다거나 하는 부분까지 포함되죠. 무농약이라거나 유기농이라거나 그런 것이 아니고요. 그렇게 생각하면 역시 어머니가 만든 음식이란 정신적으로 가장 크게 다가오죠. 정말로 온 마음을 담아서 만드니까요. 재료나 기술 같은 것보다 마음이 맛있어요. 생판 남이 먹는다면 '이게 뭐야'라고 생각할지 모르지만, 그 사람을 위해 열심히 만든 것을 먹으면 '만족'할 수 있어요. 가정의 맛이라는 것이 중요해요. 르뱅도 그렇지만, 그저 장사가 되지 않게끔 신경 쓰고 있어요. 가정의 맛을 상품으로 파는 것이 아니라, 그저 가정의 맛을 만들어 제공하고 싶어요. 만드는 사람과 사러 오는 손님이 친구나 가족이 된 듯한 관계가 이상적이죠. 그 사람을 위해 만든다는 마음에 때로는 "이렇게 기름진 걸 먹으면 안 돼"라거나 "파이는 조금 줄여"라거나(웃음) "조금 더 채소를 먹는 게 좋아"처럼 걱정하면서요. 어머니가 만든 것을 낸다고 할까, 가족에게 먹이고 싶다는 감각. 그런 것에 사람들이 만족하는 것 아닐까요?

우리

다른 사람의 일이 아닌 자기의 일. 일하는 것을 통해 '이것이 저예요'라고 제시할 수 있을 만한 그런 질을 유지하며 일하는 것이 개개인의 충실함뿐 아니라 사회의 풍족함으로 이어지는 것 아닐까 하는 점을 초판본 『자기만의 일』에 썼다. '자기'를 파고들어 가다 보면 개인의 틀에 채 가둘 수 없는 '우리'라는 영역이 나타난다. 고다 씨는 이런 이야기도 들려주었다.

고다 야망이나 그저 의무감에서는 정말로 가치 있는 것은
태어나지 않아요. 자기 스스로도 가치가 있는지 어떤지는
모르지만 다양한 축적을 한 이후, 나중에 '그런 가치가
있었구나'하고 깨닫거나 주변 사람이 '좋은 일이었어'라고
인정해 주거나 하죠. 정말로 가치 있는 것이란 그런 것
아닐까요.

일은 자기의 과제와 사회의 과제가 겹치는 곳에 있
다. 그것은 그저 단순히 좋아하는 일을 하는 것도, 그저
다른 사람이나 사회에게서 부여받은 책무를 다하는 것
도 아니다. 바바 씨는 솔직히 지금까지는 자기가 떠올린
이미지를 형태로 만드는 것에 중점을 두었다고 말했다.
그렇게 말하는 그의 일이 그로테스크한 독선에 빠지지
않고 스타넷을 방문하는 많은 사람을 기쁘게 하는 이유
는 그가 바라보던 꿈이나 이미지가 바바 씨만의 것은 아
니었기 때문이다.

물건을 만들 때 만드는 이가 중요한 단서로 삼아야
하는 것은 '위화감'이라고 미야타 사토루 씨는 말했다.
예를 들어 한 장의 그림을 그릴 때, 그려 넣은 후 잠시 떨

어져서 그림을 바라보며 "흐음……" 하고 신음한다. 자기 내면에 생겨난 작은 위화감을 단서로 다른 획을 겹친다. 일은 이 반복 속에서 진행된다. 그리고 자기 안에 더는 위화감이 없다는 사실을 깨달았을 때, "응, 좋아. 완성했어!"라고 느끼게 된다.

마음의 실감을 접하고 그 질을 느끼는 능력을 내적 감수성self sensitivity이라고 불러볼까 한다. 물건 만들기에는 이것을 빼놓을 수 없지만, 만드는 것이 기획서이든 혹은 접객이든 어떤 일에서든 이 능력은 빼놓을 수 없으리라. 그것이 없다면 자기의 일에 관한 판단은 언제나 바깥에서 주어지는 평가에 의존하게 된다.

한편 많은 사람이 기뻐하고 공감하는 성과를 형태로 만드는 사람은 자기의 실감을 접하는 이 능력과 동시에 또 하나, 이 사회에서 태어난 다른 사람들이 느끼는 것을 느끼는 능력, 즉 사회적 감수성social sensitivity도 갖추었다고 생각한다. 이것은 타자의 시선이나 평가를 신경 쓰는 것이 아니다. 타자의 바람이나 기쁨이나 괴로움을 함께 느끼는 힘이다.

자기가 느끼는 '무언가'가 단순히 개인적인 것이라면 굳이 사람들과 공유할 필요는 없다. 하지만 자기만의 것이라고는 생각되지 않기에 무언가의 형태로 만들어 사회에 제시할 수 있다. 그럴 때 일은 '자기'의 일임과 동시에 '우리'의 일이 된다.

"그저 '장사'가 되지 않게끔 신경 쓰고 있어요"라는 고다 씨의 말에 크게 느끼는 바가 있었다. 르뱅에서 빵을 살 때는 다른 가게에서 살 때와는 완전히 다른 감각이 느껴져서 전부터 의아했다. 이상한 말이지만 빵을 살 뿐이지만, 어쩐지 밥을 얻어먹는 듯한 느낌이 들기에 이것은 도대체 무엇 때문일까 생각했다. "만드는 사람과 사러 오는 손님이 친구나 가족이 된 듯한 관계"라고 고다 씨는 말했는데, 그 말대로 르뱅의 매력은 관계성을 둘러싼 '의식' 부분에 있다는 점을 알게 됐다.

하나의 빵을 먹을 때, 우리는 그 일을 담당한 사람의 '의식'도 입에 담는다. 그것은 사람의 육체뿐만 아니라 정신에도 깃든다. 이 의식을 인간은 '사랑'이라는 이름으로 불렀다는 사실을 다시 한번 깨닫게 되었다.

후기

대학 시절에 디자인을 배우던 무렵, 이탈리아의 디자이너들이 입을 모아 말하던 "디자인이란 사랑이다"라는 말이 신경 쓰여 견딜 수 없었다. 말의 의미는 알았다. 하지만 그 안에 포함된 다양한 본질을 아직 구체적으로 알 수 없었다.

조 설계집단을 방문했을 때, 취재에 응해 준 마치야마 씨가 과거 아라마타 히로시荒俣宏 씨가 내린 명건축의 정의를 가르쳐 주었다.

그것은 3가지 항목으로 구성되어 있다고 했다.

'놀라움을 부여한다.'

'뛰어난 지혜를 결집해서 만들었다.'

'무언가에 대한 사랑을 표현한다.'

이 정의에 크게 공감했다. 지금에 와서 겨우 이 '사랑'이 의미하는 바를 알게 된 것만 같다.

일을 통해 자기를 검증할 필요는 없다. 아니, 그래서는 안 된다. 최대의 적은 언제나 자의식이다. 개성적이고자 노력하는 것보다 그저 무아지경에 빠져 해내는

편이 결과적으로 개성적인 일을 낳는다. 일이란 자기를
과시하는 수단이 아니라 자기와 타인에 대한 선물(증
여)이자, 그것이 결과적으로 서로를 충족시킨다. 과연
이것이 이상론에 불과할까.

　　선물은 참 어렵다. 밀어붙여서는 의미가 없고 상대
의 약점을 파고드는 것은 당치도 않다. 그 사람이 바라
지만 아무에게도 드러내지 않은, 혹은 본인 자신도 아직
깨닫지 못하는 무언가를 "이거 줄까?" 하고 내밀 수 있
다면 그것은 최고의 선물이 된다. 디자인이라는 일은 그
야말로 그래야만 하고, 디자인에 한하지 않고 이 세상의
온갖 일이 그런 식으로 이루어진다면 얼마나 좋을까. 그
때 일에 대해 되돌아오는 말은 "고마워"가 된다.

　　일에는 크게 2가지가 있다. "고마워"라는 말을 듣
는 일과 그렇지 않은 일이다. 나는 디자인 교육을 받고
지금껏 디자인 세계에서 일했다. 하지만 멋진 디자인을
좋아하는 것은 아니며, 애초에 디자인 같은 것은 아무래
도 좋다. 끌리는 것은 '좋은 일'이라 불리는 것이다. 사람
들이 "이런 게 있으면 좋을 텐데"·"그건 참 좋았어"라고
입에 담는 것. 이것은 디자인 업계에 한하지 않고 요리
나 스포츠 세계에도 마찬가지로 존재한다.

좋은 일의 특징 중 하나는 그 일을 담당한 사람에 대한 감사나 존경의 마음이 샘솟는다는 점이다. 일에 대해 "훌륭해"도 "재미있어"도 아닌 "고마워"라는 말이 돌아올 때, 거기에는 무엇이 포함될까. 그 너머를 소중히 여기고 싶다.

이 책에는 인터뷰 외에 내가 전해 들었거나 읽고 조사한 일하는 방식을 둘러싼 에피소드를 소개했다. 물론 에피소드는 에피소드에 불과하다. 그것이 무엇을 의미하는지, 작품에 어떤 영향을 끼치는지, 상상이나 해석은 제멋대로 할 수 있지만 진정한 부분은 본인만이 알 것이다.

'좋은 일이란 무엇인가'·'그것은 어떤 식으로 행하는가'·'일을 자기의 일로 만들려면 무엇이 필요한가.' 그다지 이런 포인트를 명시하고자 노력하지 않았다. 따라서 이 책을 실용서라고는 할 수 없다. 수단은 명기되지 않았지만, 자기의 일이나 일하는 방식을 되돌아본 순간, 이미 개별 프로세스는 시작된 것이다.

일하는 방식은 누구든 연구할 수 있다. 그것은 요리 연구가의 일과도 닮았다. 자격제도는 없으니 자칭하면 그뿐이다. 물론 자칭하지 않아도 된다. 많은 주부가 요리 연구가라고 자칭하지 않아도 요리에 관해 모색하고 고안을 거듭하는 것처럼, 우리는 한 명 한 명이 무명의 일하는 방식 연구가다.

여행을 떠날 때, 거리의 레스토랑보다 오히려 실제 가정에서 먹는 요리의 맛이 그 나라의 문화 수준을 드러낸다는 사실을 떠올려 본다. 한 명 한 명이 일하는 방식에 관해 생각하고 고안하고 각자의 '좋은 일'을 다뤄 나감으로써 사회 전체가 분명 질적으로도 변해 나갈 것이다.

수년 전에 초판을 출판하고 오늘까지 독자들의 다양한 반응이 있었다. 편지를 받기도 하고 감상이 적힌 블로그를 보기도 했다. 반응들을 보면서 독자는 독서를 통해서 등장인물과 저자를 만나지만, 그 이상으로 자기 스스로와도 만난다는 점을 강하게 느꼈다.

어떤 부분에 반응하는지는 사람에 따라 달랐다. "말씀하시는 대로 저도 ○○○○라고 생각해요"라는 감상을 읽으면서 '내가 그런 얘기를 썼나?'라고 생각할 때도 있었다.

책을 읽으면서 느끼는 것이 있다고 하면, 그것은 개개인의 내면에 있는 '무언가'가 반응해 떠오르는 작용 혹은 공진이다. 독자에게 독서의 효용이란 자기 안에 있는 '무언가'를 깨닫고 그것과 만나는 것에 있다.

쓰는 이도 마찬가지다. 언어로 만드는 작업을 통해 자기가 깨닫고 있던 것·명백하게 정리하고 싶던 것이 차례로 선명해진다. 하지만 목적이 그것뿐이라면 일기로도 충분하다. 굳이 책으로 쓴 이유는 극히 개인적인 관심에서 발단한 일이지만 도저히 나 혼자만의 문제라고는 생각할 수 없었기 때문이다. 같은 시대를 사는 다른 사람들과 공유할 수 있는 것 아닐까, 하는 예감을 품었기에 이렇게 형태로 만들 수 있었다.

이야기가 조금 샛길로 새지만, 나는 아내와 작은 디자인 사무소를 운영 중이며, 기업이나 지자체의 의뢰를 받아 진행하는 이른바 하청 업무와 누군가에게 의뢰받아서가 아닌 우리의 생각을 바탕으로 형태로 만들어 판매하는 메이커 포지션의 업무를 모두 맡고 있다. 그러면서 대학에서 디자인을 가르치는데 수업에서 학생들에게 프로젝트를 소개하면 "좋아하는 일을 해서 먹고살 수 있나요?"라는 질문을 들을 때가 종종 있다.

만약 거기에서 "먹고살 수 있다"라고 답하면서 확언한다 해서 그들이 과연 좋아하는 일을 하면서 살아갈 수 있을까? 이런 딴죽은 옆에 잠시 미뤄 두고, 그보다 그들에게 들려주고 싶은 것은 '나도 단순히 좋아하는 일만 하는 것은 아니다'라는 점과 '다른 사람과 공유할 수 있다는 예감이 들기에 형태로 만들 수 있다'라는 내가 서 있는 위치다.

그런데 출판 후 몇 년이 지난 어느 날, 한 통의 메일이 날아왔다. 몇 년 전까지 미술대학에서 공부하고 이후 그래픽 디자인 일을 거쳐 현재는 작가와 일러스트레이터로 일한다는 사람에게서였다. 얼마 전 『자기만의 일』을 읽고 격려를 받았지만, 동시에 공감할 수 없는 부분이 있어 전하고 싶다는 내용이었다.

아무리 별 볼 일 없는 TV 프로그램이어도 열심히 만드는 사람이 있습니다. 그것은 '정성스럽게'라기보다는 좀더 소극적으로 '이 범위 내에서 최선을 다한다'라는 식의 작업일 수도 있습니다. 하지만 그 일을 한 그 사람 본인에게 책임이 있는 것 같지는 않습니다. 그렇게 할 수밖에 없는 어쩔 수 없는 상황이 있기 때문입니다.

그런 배경은 언급하지 않고 '광고가 많은 잡지는 쓸모없고 정성이 들어간 커피잔이 좋다'라는 것은 너무 단선적인 대비라고 생각합니다. 서문을 읽으면서 저는 슬프고 안타까운 마음이 들었습니다.

저는 지금 주간지의 많은 업무를 맡아서 하고 있습니다. 물론 대학에서 배웠던 소위 '좋은 일'은 아닙니다. 아무래도 좋은 기사·어쩌면 해로울 수도 있는 기사도 많이 씁니다. 아무래도 좋은 일러스트를 매우 빡빡한 시간 내에 그려야 합니다. 원래는 제아무리 별 볼 일 없는 내용이라도 충분한 시간을 할애하고 싶은 게 솔직한 심정입니다.

하지만 현실적으로 그렇게 할 수가 없습니다. 원인 중 하나는 출판업계의 불황을 꼽을 수 있겠죠. 혹은 독자들이 다들 쉬운 정보만을 원하기에 그것을 주지 않으면 읽히지 않는 현실도 있습니다. 혹은 클라이언트나 연예기획사의 '의향' 혹은 편집장이나 선배들의 심기를 거스를 수 없기 때문이기도 합니다.

하지만 그런 불리한 상황 속에서도 많은 작가와 편집자 들은 열심히 만들고 있습니다. 결코 '이 정도면 됐어'라는 자세가 아닙니다. 적어도 조금이라도 재미있는 기사를 만들고자 애씁니다. 풍조를 바꾸려고 고군분투하는 사람들도 있고요.

그것을 유명 디자이너의 작업 방식과 대비하여 비판하다니, 너무 슬픕니다. 만약 책에 '이 정도면 됐지' 같은 광고만을 만드는 디자이너나 '이 정도면 됐지'라는 잡지만 만드는 편집자나 유흥업소 여종업원이나 청소부 아주머니의 인터뷰가 있었다면 납득할 수 있었을지도 모르겠습니다. 하지만 그런 일을 하는 사람들의 이야기는 하나도 없었습니다.

제발, 쓸모없어 보이는 일이라고 그저 비판하지 말아 주세요.

발췌이긴 하지만, 본인의 허락을 받아 거의 원문을 그대로 전재했다. 나는 이 편지를 읽고 느낀 바가 있었기에 다음과 같은 답장을 보냈다. 이분의 메일 전문을 싣지 않았기 때문에 맥락을 파악하기 어려운 부분도 있을 수 있지만, 양해해 주시기를.

니시무라입니다. 편지를 보내 주셔서 감사합니다.

보내 주신 메일, 기쁘게 잘 읽었습니다. 가끔 감상문 메일을 받기는 하지만, 이렇게 대결 구도의 주장이 담긴 메일을 받는 경우는 드뭅니다. 마지막 부분에 '커피 원두를 끝없이 재배해야 하는 일과 그 일에 종사하는 사람을 누가 탓할 수 있겠는가'라고 적으셨네요. 정말 그 말이 맞다고 생각합니다.

독자님은 거기에 자신의 직업적 모습을 겹쳐 놓았습니다. 독자님이 호소하고 싶은 것은 어떤 일이든 그 일에 심혈을 기울이는 것에 소중함이 담겨 있다는 뜻일까요? 저는 그렇게 받아들였습니다. 그리고 거기에 동감합니다.

제 책을 읽고 '듣기 좋은 이야기만 적혀 있네!'라고 반발심을 느끼는 사람도 그걸 표출하는 사람도 몇 명 있었습니다. 제가 보지 못한 분들까지 포함하면 그렇게 느낀 분들이 많을 것 같습니다.

애초에 제가 동경하는 사람들의 일하는 방식을 알고 싶어서 시작한 취재이기도 했고, 제가 느끼고 생각한 것을 더 강하게 전달하고 싶은 마음도 있었습니다. 그랬기에 세상에서 일하는 사람들이 현실적으로 어쩔 수 없이 안고 있는 '그런 말을 들으면 곤란하다'는 약한 부분을 조금 더 깊이 파고들어서 글을 쓴 측면도 있습니다. 다시 읽어 보니 독자분들은 그런 부분을 조금 싫어하실 것 같습니다.

책에서 제가 어떻게든 말하고 싶었던 것은 광고 페이지가 많은 잡지나 불필요하게 늘어난 TV 프로그램이 좋지 않다는 것이 아니라, '이 정도면 괜찮다'라는 식으로 타인을 가볍게 소외시키며 일하는 방식은 인간을 서로서로 상처 입힌다는 것이었습니다. 타인을 소외시키는 것은 자기도 소외시키지 않으면 불가능하기에,

그런 식의 일하는 방식을 통해 결국은 자기소외의 연쇄가 깊어지게 됩니다. 그 사람이 거기에 '있다'라는 느낌이 들지 않는 일꾼과 일이 세상에 점점 더 많아집니다. 저는 그것을 참을 수 없습니다.

예를 들어 독자님이 일터에서 어떤 것을 만들든, 거기에 본인에 의한 본인의 소외가 없는 한 저는 그것을 인간의 일로 받아들입니다. 하지만 자기소외의 정도가 심하면 그것은 일이라기보다는 그저 노동이 되어 버립니다. 단순노동을 할 때도 최선을 다해 심혈을 기울이는 사람도 있겠지만, 제가 여기서 말하는 '노동'에는 자기의 감정이나 느낌을 도외시하며 일하는 것을 의미한다는 뉘앙스가 담겨 있습니다. 그건 조금 옳지 않은 것 같습니다.

일이라는 단어는 '벌이'나 '책무'라는 단어로 불릴 때도 있습니다. 후자는 자신이 속한 세상에 대한 책임을 다한다는 의미입니다. 책무로서 일하는 와중에는 일시적으로 자기의 감정을 억누르고 억제하거나, 부풀어 오르는 감정을 죽이지 않으면 기능할 수 없는 순간이 당연히 섞여 있겠죠. 이렇게 담력 있게 자기의 감정을 죽이는 능력은 한편으로는 그 사람의 성숙도를 보여 준다고도 생각합니다. 하지만 역시 자기를 살리며 살아가는 것이야말로 한 사람 한 사람의 일이라고 생각하기 때문에 가능하면 스스로의 감정을 죽이지 않기를 바랍니다.

어떤 일이든 자기의 현장에서 열심히 일하는 사람은 무엇과도 바꿀 수 없는 존귀한 존재입니다. 이라크에 파병된 젊은 미군 병사 중에도 최선을 다하는 사람들이 많겠죠. 인간성이 요구되지 않는 극한의 현장에서, 그런데도 인간성을 유지하고자 노력하는 사람들은 비단 전장에만 국한되지 않고 무수히 많을 것입니다. 열심히 노력하는 사람이나 열심히 살아가는 사람을 비난할 생각은 전혀 없습니다. 하지만 인간을 함부로 대하는 사람들이 있다는 사실에는 화가 납니다.

최선을 다해 기사를 쓰는 사람을 비난할 생각도 없습니다. 하지만 광고 매체로서 잡지를 발간하고, 저렴한 인건비로 일해 주는 편집자나 소재로 삼기 좋은 기삿거리를 제공해 주는 사람을 어떤 의미에서는 착취하는 사람이 있다는 사실에 화가 나는 것입니다. 제 분노는 후자 쪽에 더 많이 쏠려 있습니다.

그리고 동시에 이건 정말 쓸데없는 참견이지만, 전자

에 대해서도 '과연 그걸로 괜찮은가?'라는 생각이 듭니다. 주어진 일에 의문이 있지만 어쩔 수 없이 해야 하는 상황에 놓인 사람들은 일종의 불공정 거래를 하고 있습니다.

예를 들어 이라크 파병의 경우, 미국에서는 대학에서 공부하고 싶은 우수한 젊은이들을 대상으로 군대에서 장학제도를 마련하고 있습니다. 학비 전액 지원과 수백 달러의 장학금을 받는 대신 군에 의무적으로 복무해야 합니다. 군인 교육을 목적으로 하는 제도이기 때문에 애초에 대학이라는 타이틀 자체가 거짓은 아니지만, 비상시에는 재학 중에도 소집됩니다. '싫지만 어쩔 수 없이 해야 한다'라는 상황에 놓이는 사람은 일종의 인질로 잡혀 있는 것입니다. 혹은 암묵적인 계약을 맺고 있다고도 할 수 있겠죠.

최근 일본에서는 워킹 푸어·파견 근로를 둘러싼 문제가 이슈가 되고 있지요. 하지만 예를 들어 도시에 집착하지 않고 지방으로 가면 인간적인 일자리는 얼마든지 있습니다. 멋진 일자리는 아니고 월급도 낮을지 모르지만, 구인 공고가 없는 것도 아니고 노동 착취에 가까운 일만 존재하는 것도 아닙니다. 또한 돈이 없으면 아무엇도 얻을 수 없다는 생각도, 그것을 버리면 일종의 게임에서 벗어날 수 있습니다.

책에서는 '좋은 일'을 하는 디자이너나 물건을 만드는 이들의 여유롭게 일하는 모습이 돋보였을지도 모르겠습니다. 하지만 누구에게나 그 사람 나름의 절박한 현실이 있습니다. 그리고 그 현실을 선택하는 것은 언제나 그 자신입니다.

예를 들어, 톱 디자이너라 불리는 사람들은 겉으로 보기에 굉장히 화려해 보이며 힘이 있어 보입니다. 실제로 대단한 능력과 운과 조건을 가진 사람들이라고 생각합니다. 하지만 어떻게 보면 또 다른 힘에 의해 노예처럼 일하게 되는 측면도 없다고는 단언할 수 없지 않을까요. 어찌 되었든 자기가 어디서 어떻게 살아갈 것인지는 그 자신의 손에 달려 있다고 생각합니다.

후반부에 약간의 수정을 가했지만, 이것도 거의 원문 그대로다. 이분에게 장문의 답장을 보내게 된 이유는 여러 가지가 있지만, 하나는 그녀의 메일이 내가 다음에 쓰고 싶은 책의 어떤 부분을 꿰뚫고 있다는 느낌이 들었기 때문이다.

'자기만의 일'이라는 제목에는 남의 일이 아닌 것·남이 대신할 수 없는 것·남에게 맡기고 싶지 않은 것·다른 어떤 것도 아닌 '나만의 일'을 하자! 라는 소망이 강하게 담겨 있다. 실제로 나도 그렇게 하고 싶고, 갈림길에 섰을 때 '나만의 일'이라는 느낌이 더 강한 쪽으로 발걸음을 옮겨 왔다.

　이런 가치관은 그렇지 않은 사람, 즉 사회적 요구에 맞추기에만 급급한 사람의 존재 방식을 그다지 인정하지 않는다. 하지만 말과 행동doing에 관해서는 그렇다 치더라도 존재 방식being에 관해 남이 함부로 의견을 말하는 것은 한마디로 주제넘은 짓이다. 그것을 어떤 균형 감각으로 문장화할 수 있을지 망설여진다.

　또한 이 가치관은 개인의 자유의지를 존중하고, 그 존재를 전제로 한다. 그러나 인간의 역사를 돌아보면 그런 자유의지가 항상 옳다고 말할 수만은 없다는 사실을 자주 접하게 된다. 인간은 자기의 의지대로 살아가고 싶은 존재로도 보이고, 군주와 같은 존재를 필요로 하는 존재로도 보인다. 인간 사회는 자치와 통치 사이에서 진자가 크게 흔들리고 있다. 우리는 정말 '자유'를 원할까. 혹은 자유의지나 개성을 중시하는 가치관은 애초에 어딘가에서 각인되어 온 것은 아닐까.

심리학적으로 풀어 보면 '자기'라는 것이 애초에 있는 것일까, 하는 의문도 떠오른다. 인간이란 유전자의 생존을 위한 기계에 지나지 않으며, 우리가 사고라고 부르는 것은 그때그때의 끼워 맞추기에 불과하다는 사고방식도 있다. 뇌를 주제로 조사하다 보면 우리가 '우리'라고 부르는 것이 도대체 어디에 근거하는지, 점차 혼란이 커진다.

나는 도대체 무엇을 단서로 '자기만의 일'에 관해 적고 그 공유를 시도한 것일까. 그런 생각을 하면서 글을 쓰고는 펜을 내려놓았다가, 무엇을 쓰고 있었는지 잊어버리고 다시 처음부터 쓰는 일을 반복하고 있다. 그래도 언젠가 반드시 써서 완성하고 싶으니 그때는 새 책을 통해 만나자.

개정판을 만들자고 말을 걸어 준 지쿠마쇼보의 기이레 후유코 씨·협력해 주신 인터뷰이 여러분·해설을 적어 주신 이나모토 요시노리 씨·단행본을 편집해 주신 안도 사토시 씨와 책을 계속해서 내 주신 쇼분샤·아내인 다리호 그리고 『자기만의 일』을 읽어 주신 모든 분께 깊은 감사의 말씀을 드린다.

덧붙이는 말

팩스 드드드드득의 시절부터

이나모토 요시노리(카피라이터/편집자)

니시무라 씨와 처음에 무슨 일로 만났는지 지금 와서는 확실하지 않지만, 1992~1993년경 내가 일하던 디자인 잡지 『액시스』AXIS 편집부에 그가 찾아온 것을 기억한다. 분명 기사에 관한 용건은 아니었다. 즉 좁은 의미에서 '일'에 관한 이야기는 아니었다. 니시무라 씨는 어딘지 두둥실 떠 있는 느낌으로 '자기도 모르게 친해지게 되는' 신기한 사람이었다.

당시의 니시무라 씨는 아직 종합건설회사의 직원이었다. 본업을 하는 한편, 다양한 친구나 지인에게 받은 팩스를 모아서 신문 같은 프리페이퍼를 만들었다. 때때로 편집부의 팩스가 울리고는 드드드드득, 하고 그 종이가 도착하곤 했다. 매번 주제가 있었던 것 같지만 어떤 주제였는지 지금은 확실하지 않다(확실하지 않은 것뿐이라 죄송하다. 머리의 성능이 나쁘기 때문이다). 모매체에서 사람들에게서 온 엽서를 읽는 MC를 맡은 적이 있다고 했던가.

여하튼 회사원이었지만 정장을 입는 회사원과는 다르게 일을 파악하는 방식이 꽤 자유로웠고 발놀림이 가벼운 사람이었다. '자기만의 일'이라는 사고방식의 씨앗은 그 팩스 드드드드득의 시절부터 이미 싹을 틔웠던 것 아닐까.

그 후, 니시무라 씨는 회사를 관뒀다. 편집부에 와서 다양한 사람들이 일하는 방식에 관심이 있다고 이야기하는 와중에 그럼 디자이너들이 일하는 방식을 주제로 잡지에 연재해 보는 건 어떻겠냐, 그거 좋다, 하자 하자, 하며 순식간에 이야기가 됐다. 그 연재「렛츠워크!」에 수록한 인터뷰가 이 책『자기만의 일』의 일부 소재가 되었다.

「렛츠워크!」(일하자!)라는 타이틀은 내가 정했다. 당시 나는 디자인 잡지의 경망스러운 문장(어려운 외래어를 쓰는 것을 지적이라고 생각하거나 몸을 움직이지 않으면서 '신체성' 같은 단어를 써 대는 문장)에 질려 있었고, 가볍고 실질적인 것을 바랐다.

처음에 타이틀을 들은 니시무라 씨는 약간 '헉' 하

는 표정을 지은 것으로 기억한다. 조금 더 탄탄한 기사를 상상했으리라. 하지만 일본에서는 돈을 내는 측이 어쩐지 더 대단하다는 통념이 있고, 아직 니시무라 씨가 잡지 연재를 경험한 적이 없기도 했기에 그대로 「렛츠 워크!」로 밀어붙였다. 돈을 내는 측이라고 해도 대단한 원고료를 준 것은 아니다. 취재 출장 여비도 따로 없었기에 미국이나 홋카이도에서의 취재는 니시무라 씨가 자비로 부담했다. 돈을 주지 못한 측이 이렇게 말하는 건 좀 그렇지만, 「렛츠워크!」 연재는 그저 돈 문제만은 아니었을 테다.

취재를 마치고 보고하러 온 니시무라 씨의 이야기는 매번 즐거웠다. 취재한 곳에서 본 것·들은 이야기에 관해 니시무라 씨는 흥분한 채 말했다. '작업장에서 이런 식으로 일하더라'·'이런 것을 구경했다'·'스태프는 이런 식으로 식사하더라'·'거기에는 이런저런 생각이 깔려 있기 때문이라더라' 등등. '그렇구나!'라는 생각이 들고 뭔가 느껴지는 것이 많았다. 취재 직후의 생생한 흥분과 '깨달음'을 있는 그대로 듣는 것이기에 어부가 낚은 물고기를 그 자리에서 회로 떠서 먹는 듯한 기분이었다.

이 책을 읽은 분들도 등장인물들의 일하는 모습이나 사고방식에 때때로 '그렇구나!'라는 생각이 들고 뭔가 느껴지는 것이 있었으리라 본다. 그럼 왜 그렇게 느꼈는가 하면, 의외의 사실이나 어려운 이론을 알았기 때문은 아닐 테다. 적어도 나는 그렇다.

여기에서 다룬 사람들은 실물을 이용해 시행착오를 하고(우리는 걸핏하면 머릿속으로만 생각하기에 실수하게 된다), 체험하고 느낀 무언가를 소중히 여기고, 자기가 원하는 것을 직접 만들고, 자발적으로 일하는 등 오히려 '당연한 것'을 소중하게 여긴다. 그들의 일하는 방식은 사실 알기 쉽다.

그리고 우리도 지금까지 살아오는 과정에서 그런 '당연한 것'의 좋은 점·소중함을 어딘가에서 이미 알고 있다. 하지만 세간에서 통용되는 업무 패턴에 익숙해 있고, 또 근본적인 것을 되묻는 행위는 괴롭기에 왠지 모르게 타성에 젖어 일하게 된다. 그렇기에 당연한 것을 당연하게 해내는 사람들을 알게 되어 뭔가가 느껴지는 것이다. 반복하지만 우리는 사실 이미 알고 있다.

또 하나. 앞서 "일본에서는 돈을 내는 측이 어쩐지 더 대단하다"라고 썼지만, 일을 하는 측과 돈을 내는 측은 본질 면에서 상호 호혜적인 관계다. 적어도 그렇다고 해도 이상하지 않다. 우리가 일할게, 그럼 돈은 우리가 낼게, 라는 관계여도 좋다. 하지만 어째선지 일본에서는 일하는 측이 비굴해지곤 한다. 이야기가 잠깐 옆으로 새지만, 접객업이나 서비스업에서는 '손님은 왕'이라는 표현을 쓴다. 그런 표현을 쓰는 것은 좋지만 너무나도 자신을 낮춘다(본심에서인지는 알 수 없지만). 고객제일주의! 일하는 측이 '하인' 같은 태도를 보이는 것이다.

호텔리어나 영국의 집사처럼 하인 같은 태도가 상대를 편안하게 하고 거기에서 본인이 의의를 느끼는 직종도 있다. 하지만 그렇지 않은 직종에서 까닭 없이 하인 같은 태도를 보이면 자기의 일에서 조금 더 생각해야 할 것을 생각하지 못하게 된다. 니시무라 씨가 말하는 '남의 일'이 되기 쉬운 것이다. 하인처럼 받드는 여러분은 그것으로 좋은가?

이 책에 등장하는 사람들에게는 하인 같은 태도가 없다. 그렇다고 해서 오만하지도 않다. 그들은 단순하게 상대와 마주한다. 그리하여 상대(내 주변 혹은 모르는 누군가)에게 무엇을 해 줄 수 있는지 생각한다. 어떤 식으로 사람과 연결되는지에 대해 그들은 각각 자기만의 방식이 있는 것 같다. 그 다른 사람과 연결되는 매듭 부분에 위치하는 것이 바로 일이다.

우리는 일을 통해 가족·친구·연인 관계와는 조금 다른 형태로 사람과 연결된다(대량생산 같은 것도 포함해서). 타인과 어떻게 연결되는지는 살아가는 데 중요한 문제 중 하나일 테다. 그렇게 생각하면 일하는 방식의 방법론을 연구해 온 니시무라 씨가 개정판을 위해 추가한 내용에서 "'어떤 식으로 살아가는가?' 쪽으로 관심이 옮겨가고 있다"라고 쓴 의미도 알 것만 같다. 일하는 방식은 사람과 연결되는 방식으로 이어지고, 사람과 연결되는 방식은 살아가는 방식과 이어지기 때문이다.

이렇게 잘난 척 썼지만, 이번에 책을 다시 읽으며 새삼 다양한 것을 배웠다. 크게 반성했다. 처음으로 읽는 분이라면 몇 달 후, 혹은 1년이나 2년 후에 다시 읽어 보기를 추천한다. 분명 새로운 발견을 하게 될 것이다.

마지막으로 일하는 방식 연구가 아닌 니시무라 씨의 일에 관해 조금 적어 보고 싶다. 그는 대학에서 디자인을 가르치면서 디자이너인 아내와 함께 디자인 사무소를 운영한다. 다양한 외부 스태프와 기업·단체 등과 협력하여 인간의 오감이나 시간의 존재를 의식하게 하는 독특한 물건(모래시계·풍경·테이블 등)과 공간을 만든다. 기획자·프로듀서·디렉터·디자이너·퍼실리테이터, 어떤 직함도 딱 와닿지 않는다. 만드는 사람으로서 누구보다 가볍게 일하기 때문이다. 그의 사무소이자 프로젝트이기도 한 '리빙 월드'라는 이름을 발견했다면 꼭 한번 주목해 보길 바란다.

참고문헌

『구로사와 아키라, 미야자키 하야오, 기타노 다케시: 일본의 세
   연출가』黒澤明、宮崎駿、北野武: 日本の三人の演出家 시부야 요이치渋谷陽一,
   라킹온ロッキング・オン

『꾸지람과 칭찬』노구치 하루치카, 수학사

『누구를 위한 일』だれのための仕事 와시다 기요카즈鷲田清一, 이와나미
   서점岩波書店

『닛케이 비즈니스』日経ビジネス 1998년 3월 2일호, 닛케이BP日経BP

『다미야 모형의 일』田宮模型の仕事 다미야 슌사쿠田宮俊作,
   분게이슌주文藝春秋

『르뱅의 천연효모 빵』ルヴァンの天然酵母パン 고다 미키오甲田幹夫, 시바타
   서점柴田書店

『리빙 디자인 18호/ 나폴리 밀라노 제네바』LIVING DESIGN vol.18/
   NAPOLI MILANO GENOVA 리빙 디자인 센터LIVING DESIGN
   CENTER, 후도샤風土社

『매월 신문每月新聞』사토 마사히코佐藤雅彦, 마이니치신문출판每日新聞出版

『모티베이션 리소스 혁명』モチベーション・リソース革命 리쿠르트 워크
   디자인 연구실リクルート社・ワークデザイン研究室

『불의 맹세』火の誓い 가와이 간지로河井寬次郎/고단샤講談社

『브루투스 특집: 무라카미 하루키 씨는 16회의 풀마라톤을 달리고
   '육체를 알면 문체도 달라진다'라고 말합니다.』BRUTUS 特集: 村上

春樹さんは、16回のフルマラソンを走り抜けて「肉体がかわれば、文体も変わる」と言

います。1999년 6월 1일호, 매거진하우스マガジンハウス

『브루투스 특집: 페리앙을 아시나요?』BRUTUS 特集：ペリアンを知ってい

ますか？ 1998년 10월 15일호, 매거진 하우스マガジンハウス

『사토 마사히코의 모든 작업(광고 비평 별책 8)』佐藤雅彦全仕事

(広告批評の別冊 8) 마도라 출판マドラ出版

『실패를 감추는 사람, 실패를 살리는 사람』 하타무라 요타로,

세종서적

『아에라 임시 증간/안전을 먹고 싶다』AERA臨時増刊／安全が食べたい

No.25, 2002년 6월 20일호, 아사히 신문사朝日新聞社

『야기 다모쓰의 일과 주변』八木保の仕事と周辺 야기 다모쓰八木保,

리쿠요샤六耀社

『예술과 정치를 둘러싼 대화』芸術と政治をめぐる対話 미하엘 엔데Michael

Ende 전집, 이와나미 서점岩波書店

「오피스 랜드스케이프 〈오픈 오피스의 플래닝과 방법〉」オフィス・ラ

ンドスケープ〈オープンオフィスのプランニングと方法〉, 『저팬 인테리어

디자인』JAPAN INTERIOR DESIGN 1975년 11월 창간호, 인테리어

출판インテリア出版

『워크숍』ワークショップ 나카노 다미오中野民夫, 이와나미서점岩波書店

『창의성의 법칙』 톰 켈리·조너선 리트먼, 유엑스리뷰

『포크는 왜 네 갈퀴를 달게 되었나』 헨리 페트로스키, 김영사

『LE GRAND BLEU』 롱 버전 팸플릿

『미사이 매거진』MeSci Magazine Vol.3 2003,

일본과학미래관日本科學未來館

「patagonia presents/How to break the rule. A to Z」

　『에스콰이어』일본판 1998년 10월호

『Resumex2/일을 놓고 싶다』Resumex 2／仕事を遊びたい 리쿠르트 워크

　디자인 연구실リクルート社・ワークデザイン研究室

『The Listening Book: Discovering your own music』W.

　Allaudin Mathieu, Random House Inc

『The Pet Sounds Sessions』BOX CD, The Beach Boys

『The World Is Sound』Joachim Ernst Berendt, Inner

　Traditions

자기만의 일
: 파타고니아부터 IDEO까지, 일하는 마음으로 브랜드가 된 사람들

2025년 3월 24일   초판 1쇄 발행

지은이		**옮긴이**	
니시무라 요시아키		구수영	

펴낸이	**펴낸곳**	**등록**	
조성웅	도서출판 유유	제406-2010-000032호(2010년 4월 2일)	

주소
경기도 파주시 돌곶이길 180-38, 2층(우편번호 10881)

전화	**팩스**	**홈페이지**	**전자우편**
031-946-6869	0303-3444-4645	uupress.co.kr	uupress@gmail.com
	페이스북	**트위터**	**인스타그램**
	facebook.com	twitter.com	instagram.com
	/uupress	/uu_press	/uupress

편집	**디자인**	**조판**	**마케팅**
정민기, 백도라지	이기준	정은정	전민영

제작	**인쇄**	**제책**	**물류**
제이오	(주)민언프린텍	다온바인텍	책과일터

ISBN 979-11-6770-117-6 03190